Lobby e políticas públicas

Confira as publicações da Coleção FGV de Bolso no fim deste volume.

FGV EDITORA

FGV de Bolso
Série Sociedade & Cultura

46

Lobby e políticas públicas

Wagner Pralon Mancuso
Andréa Cristina Oliveira Gozetto

Copyright © Wagner Pralon Mancuso e Andréa Cristina Oliveira Gozetto

1ª edição – 2018; 1ª reimpressão – 2021.

Impresso no Brasil | Printed in Brazil

Todos os direitos reservados à FGV EDITORA. A reprodução não autorizada desta publicação, no todo ou em parte, constitui violação do copyright (Lei nº 9.610/98).

Os conceitos emitidos neste livro são de inteira responsabilidade dos autores.

COORDENADORES DA COLEÇÃO: Marieta de Moraes Ferreira e Renato Franco
COPIDESQUE: Sandra Frank
REVISÃO: Aleidis de Beltran e Fatima Caroni
DIAGRAMAÇÃO, PROJETO GRÁFICO E CAPA: dudesign

Ficha catalográfica elaborada
pela Biblioteca Mario Henrique Simonsen/FGV

> Mancuso, Wagner Pralon
> Lobby e políticas públicas / Wagner Pralon Mancuso, Andréa Cristina Oliveira Gozetto. – Rio de Janeiro : FGV Editora, 2018.
> 140 p. – (Coleção FGV de bolso. Série Sociedade & cultura)
>
> Inclui bibliografia.
> ISBN: 978-85-225-2063-3.
>
> 1. Lobby. 2. Grupos de pressão. 3. Políticas públicas. I. Gozetto, Andréa Cristina Oliveira. II. Fundação Getulio Vargas. III. Título.

CDD – 324.4

FGV Editora
Rua Jornalista Orlando Dantas, 37
22231-010 | Rio de Janeiro, RJ | Brasil
Tels.: 0800-021-7777 | 21-3799-4427
Fax: 21-3799-4430
editora@fgv.br | pedidoseditora@fgv.br
www.fgv.br/editora

Sumário

Prefácio   7
Clive S. Thomas

Prefácio   11
Lobby para a democracia
Paulo Nassar

Introdução   15

Capítulo 1
O que é lobby?   19

Capítulo 2
Quem faz lobby?   33

Capítulo 3
Onde se faz lobby?   43

Capítulo 4
Quando e como se faz lobby? 53

Capítulo 5
A influência dos lobbies 69

Capítulo 6
Lobbies: contribuições e problemas 89

Capítulo 7
Como enfrentar o desafio? 99
Definição de lobby, lobista e do subconjunto
   de atividades e agentes a que as normas se aplicam 100
Disposições relativas aos lobistas 103
Disposições relativas aos decisores 105
Disposições relativas à divulgação das informações
   fornecidas por lobistas e decisores 107
Disposições relativas aos órgãos incumbidos
   de implementar as normas e de fiscalizar seu cumprimento 109
Disposições relativas a procedimentos em caso
   de cumprimento ou descumprimento das normas 110
Disposições relativas ao exercício de lobby por ex-decisores 111

Considerações finais 121

Referências 129

Prefácio

*Clive S. Thomas**

Desde o início da década de 1970, tenho estudado grupos de interesse e a atividade de lobby em 10 países ao redor do mundo. Já escrevi muito sobre defesa de interesses, fui lobista voluntário e, como consultor, ajudei vários grupos e organizações a planejar e implementar campanhas de lobby. Em 2008, tive o prazer de ter sido convidado para participar, como palestrante principal, do Seminário Internacional sobre Intermediação de Interesses: a Regulamentação do Lobby no Brasil, uma iniciativa do Poder Executivo Federal que envolveu a Controladoria-Geral da União (CGU), a Casa Civil, a Secretaria de Assuntos Legislativos do Ministério da Justiça e o Centro Universitário de Brasília. Desde então, tenho estudado, escrito, ensinado e prestado consultorias sobre a atuação dos grupos de interesse no Brasil.

---

* Pesquisador sênior no Instituto Foley de Política e Serviço Público, da Universidade do Estado de Washington (EUA) e consultor na empresa Political Advocacy Strategies (PAS).

Para compreender melhor a ação dos grupos de interesse no Brasil, tive o privilégio de trabalhar com muitos colegas em universidades, no governo e no setor privado. Constatei, entretanto, que empresas privadas, organizações (tais como *think tanks* e universidades) e grupos de *advocacy* ainda conhecem muito pouco sobre os aspectos práticos da atividade de lobby. Há muito tempo era necessário um guia prático para aqueles que nunca desempenharam a atividade de lobby, e também para aqueles que já trabalham no campo, mas ainda precisam de mais conteúdo sobre diversos aspectos da defesa de interesses.

Felizmente, essa obra foi escrita. Os autores são Wagner Mancuso e Andréa Gozetto, acadêmicos que conheço desde minha primeira viagem ao Brasil. O presente trabalho, que tenho o enorme prazer de prefaciar, é uma excelente síntese – bem organizada e rigorosa – dos principais aspectos relacionados à prática do lobby.

Inicialmente, o livro dá conta do lobby realizado em vários níveis de governo no país, bem como dos grupos e organizações envolvidos na defesa de interesses. O restante do livro trata de etapas, decisões e desafios envolvidos numa campanha de lobby. Isso inclui o papel do lobista, o leque de estratégias e táticas que podem ser utilizadas, como lidar com tomadores de decisão no poder público, e como organizar e coordenar os membros de um grupo para fazer lobby em defesa de seus interesses.

Nenhum livro pode assegurar o sucesso no lobby, mesmo um livro que contenha uma abordagem mais prática. O que um livro pode fornecer são as bases que fundamentam uma boa campanha de lobby, deixando claro o que deve ser evitado. Este livro cumpre com excelência esse propósito e irá auxiliar o leitor a refletir sobre os principais elementos concernentes à organização, planejamento e implementação de uma campanha de lobby, incentivando-o a pensar estrategicamente, como faz um lobista.

Prefácio

Lobby para a democracia

*Paulo Nassar**

Entre os objetivos primeiros deste livro de Wagner Mancuso e Andréa Gozetto, destacam-se a demarcação das fronteiras entre os interesses sociais organizados e as políticas públicas que, por definição, deveriam convergir para o bem comum e para a organização harmoniosa do espaço público. Partindo principalmente dos campos da ciência política, da sociologia e do direito, a obra, que requer paciente leitura pela sua densidade acadêmica, cumpre esse objetivo de forma primorosa.

A estrutura do livro é relativamente hierarquizada do ponto de vista dos conceitos. Temas como o que é lobby, quem faz lobby e os limites da legislação existente se sucedem com explicações objetivas e abrangentes. Mas não se limita a esses pontos essenciais. Vai bem mais além, procura suscitar refle-

---

* Diretor-presidente da Aberje (Associação Brasileira de Comunicação Empresarial) e professor titular da Escola de Comunicações e Artes da Universidade de São Paulo (ECA/USP).

xões sobre a necessidade de uma formação culta e abrangente dos profissionais de lobby e realça os fortes vínculos entre a democracia e o fenômeno do lobby.

Na realidade, o livro defende a tese progressista de que o lobby no Brasil avança à medida que as liberdades públicas evoluem. De fato, a democracia é um terreno fértil para a defesa transparente de interesses e de grupos de influência. Tanto que um dos conceitos que os autores defendem é o de relações públicas. Uma atividade, também segundo os autores, abrangente e que envolve os diferentes campos dos relacionamentos e da comunicação.

O importante e o que faz de *Lobby e políticas públicas* um livro original é a desconstrução da rotineira demonização do lobby e dos lobistas. A verdadeira força do lobby profissional não é o dinheiro e sim a capacidade de influenciar decisões de maneira legítima e transparente, ou de defender argumentos que inspirem confiança. Esse é o oxigênio do lobby na democracia.

Nestes últimos anos, a sociedade brasileira gerou controvérsias envolvendo temas de grande interesse, a exemplo da defesa do meio ambiente, os riscos gerados pelos agrotóxicos, a organização de comunidades tradicionais (indígenas, quilombolas etc.), o direito à privacidade e à mobilidade e o combate à corrupção. Isto para citar alguns temas de interesse público que pautam a mídia e dão forma a novos modelos de comunicação e de relacionamentos. Controvérsias, embates de diferentes interesses, que claramente exigem que o lobby se apresente à sociedade sustentado por comunicação dialógica e narrativas claras e verdadeiras. Tudo isso torna o livro de Mancuso e Gozetto ainda mais atual.

Nesse contexto histórico discute-se sobretudo que a comunicação – orientada por uma cultura organizacional democrática, que deseja expressar o que as pessoas entendem como útil e transcendente para as suas vidas – pode criar boas narrativas, que produzam consensos. A comunicação estratégica no âmbito da discussão dos temas públicos deve ter uma orientação dialógica, regida por comunicadores e avalizada por dirigentes que entendem que a organização (empresa ou instituição) se constitui na sociedade digital em um território único. Sem esse tipo de entendimento, a comunicação e suas narrativas no contexto do lobby serão meramente protocolares, manipuladoras, produzidas contra a sociedade e seus interesses maiores, e não inspiradas pelas responsabilidades política, histórica e social.

Introdução

O objetivo deste livro é apresentar uma síntese das principais questões relacionadas à prática do lobby durante o ciclo das políticas públicas no Brasil. Nós o concebemos como uma introdução ao assunto, que gira em torno de oito pontos: o que é lobby; quem são seus agentes (os lobistas); quais são os alvos dessa atividade; em que momentos do processo decisório o lobby está presente; como o lobby é feito nesses diversos momentos; quão influentes são os lobbies; que contribuições e problemas tal prática pode acarretar; e como enfrentar o desafio de regulamentar esse fenômeno.

Para redigirmos este livro, fizemos amplo uso da literatura nacional e internacional. A essa discussão com a literatura, acrescentamos nossa experiência direta com o estudo da temática, ao longo de quase duas décadas. Durante esse período, redigimos nossas teses de doutorado e, depois que nos tornamos professores, apresentamos nossas ideias em vários cursos de graduação e pós-graduação, em numerosos encontros acadêmicos, em inúmeras entrevistas com jornalistas e pesquisadores e em diversos encontros com lobistas, para os quais fomos convidados a palestrar sobre o que sabemos e nos quais, sobretudo, aprendemos muito. O trabalho que apresentamos aqui se beneficiou enormemente de todos esses contatos. Somos gratos, especialmente, aos próprios lobistas, que nos acolheram e partilharam conosco suas impressões sobre a atividade, sempre com muita confiança e abertura, mesmo se tratando de um assunto tão estigmatizado e mal compreendido. Graças a eles, pudemos entender um pouco mais sobre o intricado mundo do lobby. De certa forma, este livro é uma tentativa de retribuir o que recebemos, organizando o conhecimento disponível sobre esse tópico tão importante.

Certamente, não vemos este livro como um ponto de chegada. Nossa maior aspiração é que ele estabeleça um fundamento mínimo a partir do qual se desenvolva uma ambiciosa agenda de pesquisa, tanto nas universidades (em cursos de graduação e de pós-graduação das mais diversas áreas, tais como ciência política, sociologia, direito, comunicação, economia, jornalismo, relações públicas e relações internacionais, entre outras) quanto em entidades que congregam os profissionais da área (por exemplo: Associação Brasileira de Relações Institucionais e Governamentais – Abrig – e Instituto de Relações Governamentais – IRelGov), algo ainda mais importante neste momento em que a ocupação dos lobistas foi recentemente reconhecida pelo Ministério do Trabalho. É verdade que, hoje, sabemos mais sobre o assunto do que antes, mas ainda há muito a desvendar nesse fascinante mundo da interação dos grupos de pressão com o poder público.

Como procuramos mostrar neste trabalho, o lobby é um fenômeno onipresente na política brasileira. O lobby está presente em cada decisão parlamentar ou governamental (e, muitas vezes, também em decisões judiciais) que afeta nossas políticas públicas. É curioso notar, no entanto, que esse fenômeno tem recebido, da academia brasileira, uma atenção muito escassa em comparação, por exemplo, com as temáticas dos partidos políticos, das relações entre os poderes do Estado e entre os diferentes níveis de governo. Para certa ciência política, marcada por um institucionalismo muito restritivo, parece que os agentes que ocupam posições de poder no setor público operam num contexto em que os interesses organizados não estão presentes, gerando, pressionando, tensionando e moldando suas decisões. É chegada a hora, portanto, de recolocar os grupos de interesse no centro das atenções.

Este livro é acadêmico. Procura ser o mais objetivo possível ao tratar do assunto, sem demonizar a atividade de lobby, tampouco endeusá-la. Assim, não se confunde com certa abordagem jornalística superficial, que tende a igualar toda defesa de interesses com corrupção, tráfico de influência e outros atos ilícitos, mas também não corresponde à abordagem de lobistas e de suas entidades representativas, que repisam constantemente a ideia de que "lobby é uma coisa e corrupção é outra". A proposta, ao contrário, com base na literatura e em nossa própria observação do fenômeno, é mostrar que a prática está aí há muito tempo, vem se profissionalizando, pode aportar colaborações importantes para o processo de tomada de decisão, mas também pode trazer uma série de riscos, o que impõe o desafio de educá-la, orientá-la e regulamentá-la.

Agradecemos a generosidade dos dois colegas que aceitaram o convite para prefaciar nosso texto: os professores Paulo Nassar (professor titular da Escola de Comunicações e

Artes da Universidade de São Paulo e diretor-presidente da Associação Brasileira de Comunicação Empresarial, entidade pioneira na discussão sobre lobby em nosso país) e Clive Thomas (uma das maiores autoridades acadêmicas no mundo sobre o assunto em questão). Agradecemos também ao professor Manoel Leonardo Santos, do Departamento de Ciência Política da Universidade Federal de Minas Gerais, que aceitou nosso convite para escrever a orelha do livro.

Agradecemos, acima de tudo, à FGV Editora, que aceitou prontamente nossa proposta de trazer à luz esta obra. Esperamos que sua confiança seja retribuída pela atenção dos leitores.

Capítulo 1

O que é lobby?

"Os torcedores e a mídia estão fazendo lobby pela escalação de um jogador para a seleção brasileira." "Sem-terras fazem lobby pela reforma agrária." "Academia de Artes e Ciências Cinematográficas é alvo de lobby de cineastas e produtores que desejam a indicação de seus filmes ao Oscar." "Reforma tributária é a meta principal do lobby dos empresários." "Lobby dos sindicatos requer a redução da jornada de trabalho." "Grupos de homossexuais fazem lobby contra a discriminação." "Combater o aquecimento global é o objetivo maior do lobby das entidades de defesa do meio ambiente." "Lobby dos índios pressiona pela demarcação de terras." "Entidades de defesa dos direitos do consumidor fazem lobby para assegurar a qualidade de produtos e serviços."

Qualquer uma dessas frases poderia estampar a manchete de jornais de grande porte ou servir como chamada de noticiários da TV, e certamente seria compreendida pelo grande público do país. Isso porque a palavra "lobby" já está incorporada à nossa linguagem cotidiana.

De forma geral, lobby significa a defesa de interesses junto a quem pode tomar uma decisão – mesmo que os tomadores da decisão sejam o técnico da seleção nacional ou os membros de uma academia de cinema. De forma mais restrita, no entanto, o lobby ocorre quando agentes sociais tomam a iniciativa de contatar membros do poder público, capazes de tomar decisões, a fim de apresentar-lhes seus interesses e pleitos. Este livro trata do lobby exclusivamente nesse sentido mais específico.[1]

O termo "lobby" foi transportado do inglês para o português, e da arquitetura para a política. Em sentido literal, designa o salão de entrada de um edifício. O lobby de edifícios por onde transitam membros do poder público, capazes de tomar decisões, é um espaço estratégico para a localização dos "lobistas" – porta-vozes de interesses afetados pelas decisões, que abordam os decisores em passagem para apresentar seus pleitos e, assim, influenciar o rumo das deliberações que serão tomadas. Desse modo, um substantivo utilizado inicialmente para designar um local de passagem de tomadores de decisões, local onde ocorre a defesa de interesses, tornou-se um verbo para designar a própria ação de defesa desses interesses impactados por processos decisórios.

---

1   Para uma excelente introdução geral à atuação política dos grupos de interesse, ver Thomas (2004). No Brasil, a questão do lobby foi tratada por Aragão (1994), Vianna (1994), Diniz e Boschi (1999), Gozetto (2004), Mancuso (2007), Santos (2007), Santos (2011), Mancuso e Gozetto (2013) e Santos et al. (2017).

Outras maneiras de definir "lobby"

Optamos, neste livro, por um resgate do sentido etimológico original de "lobby". Aqui, o termo designa a defesa de todos os tipos de interesse diante de todos os tipos de decisões que podem ser tomadas por membros do poder público. Todavia, há pelo menos outras duas maneiras de defini-lo.

A primeira é a definição operacional que necessariamente figura em leis que regulamentam o lobby. Ou seja, para serem aplicáveis, essas leis precisam definir precisamente as práticas que abrangerão e as práticas que serão excluídas de seu alcance. Nos EUA, por exemplo, a atividade de lobby diante dos poderes Executivo e Legislativo, em nível federal, é regida pelo "Lobbying Disclosure Act", de 1995, com as alterações trazidas pelo "Honest Leadership and Open Government Act", de 2007. Essas leis não consideram lobista todo e qualquer porta--voz de interesses afetados por decisões públicas. Em vez disso, apresentam uma definição mais restrita de lobista, como o "indivíduo que seja empregado ou contratado por um cliente em troca de compensações financeiras ou de outro tipo, por serviços que incluam mais que um contato de lobby, e cujas atividades de lobby tomem 20% ou mais do tempo de serviço prestado por aquele indivíduo àquele cliente por um período de 3 meses" (Honest Leadership and Open Government Act, 2007, título II, seção 201, b, 1). Essas leis também não definem como lobby toda ação de defesa de interesses em processos decisórios. As leis excluem de seu alcance diversos tipos de comunicações, tais como aquelas: (1) feitas por funcionários públicos, no exercício de suas funções; (2) distribuídas ao público ou divulgadas por meios de comunicação de massa; (3) feitas durante a participação em comissões consultivas; (4) enviadas para inclusão no registro público de audiências promovidas por comissões, subcomissões e forças-tarefa do Congresso; (5) enviadas por escrito em resposta a solicitações de membros do poder público federal abarcados pela lei; (6) feitas por igrejas, suas organizações auxiliares, associações de igrejas e ordens religiosas mencionadas em determinados parágrafos do "Internal Revenue Code" de 1986; entre outras.

A segunda definição está ligada à discussão acadêmica que compara sistemas nacionais de representação de interesses. O cientista político norte-americano Philippe Schmitter é um dos maiores expoentes dessa discussão. De acordo com Schmitter (1974), há dois tipos principais de sistemas nacionais de representação de interesses: o pluralismo e o corporativismo, que por sua vez contém dois subtipos – o corporativismo de Estado e o corporativismo societal (ou neocorporativismo).

Nos países com sistemas pluralistas, não há organizações que detenham o monopólio da representação de quaisquer interesses. Portanto, os diferentes interesses sociais – inclusive os interesses de trabalhadores e empresários – podem ser representados por organizações diversas de formação voluntária; que competem livremente pela representação daqueles interesses; que não possuem entre si nenhuma hierarquia e em relação às quais o Estado não tem o papel de licenciar, reconhecer, subsidiar, criar ou controlar no que tange à seleção de lideranças e ao trabalho de defesa de interesses.

Nos países com sistemas corporativistas, há organizações que detêm o monopólio da representação de interesses. Os interesses do trabalho e do capital – e de suas diversas frações – são representados por organizações específicas e compulsórias, que não precisam competir pela representação dos interesses, que são dispostas numa estrutura hierárquica, que são reconhecidas ou licenciadas pelo Estado (ou até mesmo criadas por ele) e cujo monopólio de representação é garantido em troca de controles quanto à seleção de lideranças e ao trabalho de defesa de interesses. No corporativismo de Estado tal configuração do sistema de representação de interesses é imposta de cima para baixo pelo Estado, ao passo que no corporativismo societal (ou neocorporativismo) essa configuração emerge da sociedade, de baixo para cima, sendo apenas reconhecida pelo Estado.

Nessa discussão acadêmica sobre sistemas nacionais de representação de interesses, o lobby é visto como a modalidade típica de atuação dos grupos de interesse em sistemas pluralistas. Nos países com sistemas pluralistas, os processos decisórios seriam marcados pelo livre embate entre os lobbies das diversas organizações que reivindicam a representação dos interesses envolvidos, e as decisões seriam a resultante desse embate. Por outro lado, o lobby é considerado um estilo de atuação atípico em países com sistemas corporativistas, países em que as organizações que representam os interesses sociais se orientariam mais para a interação contínua em negociações regulares e formalizadas, com grau variado de mediação pelo Estado. Assim, os processos decisórios em sistemas corporativistas seriam marcados por tentativas de pacto ou concertação entre os interesses organizados, em vez de lobbies pulverizados sobre o poder público.

Dialogando diretamente com a obra de Schmitter, Vianna (1994) e Diniz e Boschi (1999) sustentam que o conceito de lobby é cada vez mais útil para pensar o caso do Brasil, cujo sistema de representação de interesses estaria se "americanizando" desde a redemocratização, não obstante a permanência entre nós de organizações de inspiração corporativista herdadas da era Vargas, como o sindicato único e as organizações sindicais de nível superior, como as federações e confederações sindicais.

Como está claro, o conceito de lobby está profundamente relacionado a outros dois conceitos: interesses e decisões.

Neste livro, entendemos interesses como os *objetivos de segmentos sociais*.[2] Há inúmeros segmentos sociais cujos objetivos ou interesses podem ser promovidos por lobbies ao longo de processos decisórios do poder público. As linhas que definem as fronteiras desses segmentos sociais podem ser arranjadas e rearranjadas de muitas maneiras. Assim, os segmentos sociais podem variar muito quanto à abrangência, indo dos mais restritos aos mais amplos.

Tomemos, por exemplo, a tradicional linha que divide a sociedade entre a classe dos capitalistas e a classe dos trabalhadores. Sem a pretensão de esgotarmos todas as possibilidades, podemos verificar que, no âmbito da classe capitalista, o lobby pode ser feito em nome dos interesses de uma única empresa (por exemplo: durante a feitura de um edital de licitação), ou das empresas de um mesmo setor (por exemplo: o lobby dos bancos, ou da indústria farmacêutica), ou ainda da classe como um todo (por exemplo: o lobby do empresariado pela redução do custo Brasil). Na esfera da classe trabalhadora ocorre a mesma coisa: o lobby pode ser feito em defesa dos interesses dos empregados de uma empresa (por exemplo: pela garantia do emprego dos trabalhadores de uma empresa privatizada), dos empregados de um setor (por exemplo: monopólio do exercício profissional) ou da classe trabalhadora como um todo (por exemplo: preservação ou ampliação de direitos previstos na legislação trabalhista).

---

2   Para excelentes discussões sobre o conceito de interesse, ver Barry (1965), Benditt (1975), Oppenheim (1975), Flathman (1975), Hirschman (2002), Ball (1979), Swanton (1980), Parks (1982), Reeve e Ware (1983) e Swedberg (2005).

Outra linha coloca, de um lado, os segmentos sociais que formam o poder público e, de outro lado, os segmentos sociais que não participam diretamente dele. Essa divisão dirige nosso olhar para o importante universo dos interesses e lobbies dos integrantes do setor público. Há lobbies ativos em defesa dos interesses específicos de diferentes agências públicas, que muitas vezes entram em conflito durante processos decisórios, ora por causa de verbas orçamentárias, ora por causa da divisão de atribuições, ora ainda pelo conteúdo das decisões a serem tomadas (por exemplo: o conflito entre o Ministério da Fazenda, por maior arrecadação tributária, e o Ministério da Indústria, pela concessão de benefícios tributários a setores industriais; o conflito entre o Ministério do Desenvolvimento e o Ministério do Meio Ambiente, em torno da construção de hidrelétricas em áreas de floresta; o confronto entre o Ministério da Agricultura e os ministérios do Meio Ambiente, da Saúde e do Desenvolvimento Agrário, em torno da questão dos organismos geneticamente modificados). Há lobbies em defesa dos interesses da União, dos estados e dos municípios (por exemplo: em torno de decisões que definem a distribuição de responsabilidades e de receitas tributárias entre os entes federativos). Há lobbies em defesa de carreiras específicas do funcionalismo público (por exemplo: Forças Armadas, polícias estaduais). Ainda no âmbito do setor público, o lobby pode ser feito em nome de interesses mais abrangentes, como a preservação dos regimes especiais de previdência.

Não há variação apenas quanto à abrangência dos segmentos sociais cujos interesses são defendidos pelos lobbies. A natureza dos interesses promovidos por eles também varia. Muitas vezes, o interesse defendido pelo lobby é a obtenção de benefícios materiais para segmentos sociais específicos. Entretanto, nem sempre ele visa ao alcance de vantagens materiais imediatas para segmentos sociais estreitos e historicamente privilegiados. De fato, o lobby pode ser impulsionado por outros interesses, podendo ser feito, por exemplo, para defender convicções ideológicas (por exemplo: lobbies que apoiam ou combatem temas polêmicos como o aborto, a pena de morte e a redução da maioridade penal); para promover princípios religiosos (por exemplo: o lobby pela inclusão do ensino religioso como disciplina em escolas públicas de ensino fundamental); para proteger interesses difusos (por exemplo: lobbies pelo combate à corrupção, pela defesa dos direitos do consumidor, pela defesa dos direitos humanos, pela defesa do desenvolvimento ambientalmente sustentável); para apoiar causas de minorias desprivilegiadas (por exemplo: lobbies por pessoas sem moradia, grupos indígenas, crianças carentes, vítimas de acidentes naturais, pessoas com deficiências ou doenças graves, trabalhadores em situação análoga à escravidão) e para muitos outros fins.

É importante lembrar também que, dependendo do caso em questão, segmentos sociais diferentes, e muitas vezes antagônicos, podem identificar a existência de interesses compartilhados e formar coalizões *ad hoc* para lobbies coletivos (por exemplo: a coalizão entre empresas e trabalhadores do setor automobilístico por políticas de apoio à renovação da frota; a coalizão entre medicina genética e *agribusiness* em favor de uma lei de biossegurança mais permissiva; a coalizão entre grupos religiosos e ambientalistas no sentido contrário, por uma lei de biossegurança mais restritiva). O fato de esses interesses estarem do mesmo lado, em torno de uma questão específica, não impede que estejam em lados opostos em outros momentos, quando questões diferentes estiverem em pauta. É importante ressalvar também que a existência de segmentos sociais cujos interesses sejam afetados por decisões públicas é condição necessária para a constituição de lobbies, mas não é condição suficiente para eles, ou seja, há segmentos sociais afetados por decisões políticas que, por motivos diversos, não se empenham efetivamente na promoção de seus próprios interesses nem contam com porta-vozes dispostos a agir em seu nome. Esse fato pode acarretar problemas de desequilíbrio de influência, que são indesejáveis num contexto democrático e que precisam ser enfrentados.[3] Adiante voltaremos nossa atenção para esse problema.

Como dissemos, o foco deste livro é o lobby em defesa de interesses que podem ser afetados por decisões do poder público, ou seja, deliberações tomadas por membros do poder público em sua esfera de autoridade. Detalharemos posteriormente os diversos pontos de decisão que podem se tornar alvos do lobby. Nesse momento desejamos enfatizar que há vários tipos de decisão capazes de mobilizar lobbies. Os tipos de decisão podem ser classificados de inúmeras maneiras. Uma das mais usuais é classificá-los por assunto. Há uma extensa lista de políticas setoriais em torno das quais se faz lobby no Brasil, tais como política econômica, tributária, previdenciária, ambiental, energética, externa, comercial, agrária, urbana, cultural, de transporte, de ciência e tecnologia, de infraestrutura, de saúde, de educação, de proteção social, entre inúmeras outras. Cada ministério ou secretaria do Poder Executivo, cada comissão temática do Poder Legislativo

---

3 Este é o problema central focalizado pelo economista norte-americano Mancur Olson (1999). Um excelente apanhado de obras que seguiram o *insight* seminal de Olson pode ser encontrado em Mueller (2003).

que tem um ou mais desses assuntos em sua alçada, torna-se assim alvo privilegiado dos lobbies.

Os lobbies precisam de recursos para promover seus interesses junto às instâncias decisórias do poder público.[4] É grande a variedade de recursos que podem ser mobilizados para esse fim, e não temos aqui a pretensão de apresentar uma lista completa. Entendemos por recurso tudo aquilo que pode ser utilizado pelos lobbies em busca de influência. O dinheiro é, sem dúvida, um dos recursos mais importantes. A importância do dinheiro está ligada à sua polivalência. Afinal, o dinheiro é capaz de viabilizar numerosas atividades de defesa de interesses – atividades que detalharemos posteriormente. O dinheiro também pode ser utilizado para defender interesses de forma ilícita – outro ponto que abordaremos no decorrer deste livro.

Não obstante a destacada importância do dinheiro, vários outros recursos também podem ser usados pelos lobbies. Alguns recursos estão ligados às causas defendidas, tais como legitimidade ou afinidade com as preferências vigentes da opinião pública em determinado contexto histórico, social e cultural. Outros recursos ligam-se às características do segmento social representado, tais como a dimensão do segmento (os decisores podem ser mais sensíveis aos lobbies dos segmentos mais abrangentes) e a proporção do segmento efetivamente perfilada atrás dos lobbies (os decisores podem ser mais sensíveis às demandas de lobbies mais representativos). Outra categoria de recursos corresponde às características dos lobistas, tais como boa reputação, conhecimento especia-

---

4   A discussão acerca dos recursos, traçada neste parágrafo e nos três seguintes, é baseada principalmente no livro *Who governs?*, do cientista político norte-americano Robert Dahl (1961).

lizado sobre o assunto em debate, experiência na representação de interesses, facilidade de acesso e contato com decisores, entre outras. Segmentos sociais endinheirados podem ter facilidade para contratar lobistas com esse perfil, mas lobistas bem qualificados não são monopólio de tais segmentos.

A distribuição dos recursos entre os lobbies de diferentes segmentos sociais geralmente é desigual, mas nem sempre a desigualdade é cumulativa. Isto significa que o lobby de um segmento pode eventualmente dispor da maior quantidade de um recurso determinado, mas nem sempre disporá da maior quantidade de todos os recursos ao mesmo tempo. Por exemplo, as causas dos lobbies mais endinheirados nem sempre são vistas como as causas mais legítimas ou mais afinadas com as preferências públicas. Além disso, nenhum recurso é igualmente valioso em todas as questões. Antes, a utilidade dos recursos varia conforme a decisão que está em pauta. Por exemplo, *expertise* tende a ser um recurso extremamente valioso em uma decisão técnica. Por outro lado, tende a ser menos eficaz em decisões mais sensíveis às preferências políticas dos decisores, tais como a escolha de rubricas orçamentárias que serão privilegiadas ou sofrerão maior contenção de verbas.

A posse de recursos é condição necessária para o lobby, mas não é condição suficiente. Outro elemento importante é a disposição para utilizar os recursos possuídos. Tal disposição tende a variar com a prioridade atribuída aos objetivos (objetivos prioritários mobilizam mais recursos), o volume de recursos controlados (segmentos mais bem providos mobilizam mais recursos), a confiança na probabilidade de sucesso (segmentos mais confiantes investem mais recursos), a oportunidade de atingir os objetivos por meios alternativos à ação política (tal oportunidade reduz o investimento de recursos), e o volume da recompensa visada (maiores recompensas mobilizam mais recursos).

O lobby ainda é um assunto pouco estudado no Brasil. Há uma pequena quantidade de trabalhos gerais[5] e diversos estudos de caso setoriais.[6] Nossa ideia aqui é apresentar uma discussão estruturada de diversas questões fundamentais relativas a essa atividade. Desse modo, desejamos contribuir para a consolidação do estudo do lobby no Brasil, fomentando a abertura de uma nova agenda de pesquisa e estimulando o surgimento de novos trabalhos nesse campo de estudos ainda pouco explorado.

O termo "lobby" muitas vezes aparece relacionado a três conceitos correlatos: relações públicas, relações institucionais e governamentais, e *advocacy*. Apresentaremos, a seguir, nossa visão sobre a relação entre lobby e esses termos.

Entre esses conceitos, o mais abrangente é o de relações públicas, que envolve todo tipo de comunicação de um agente (desde indivíduos até os mais diversos tipos de organizações) com o mundo externo – mídia, opinião pública, poder público, clientes, fornecedores, concorrentes, mercado publicitário etc. Há cursos superiores que formam profissionais especializados em prestar serviços de relações públicas para os clientes que os contratarem, seja como profissionais liberais, seja como funcionários de empresas desse ramo de atuação.

A estratégia de relações públicas adotada por um agente pode incluir – ou não – as relações institucionais e governamentais. Elas são as relações desse agente com um segmento

---

5 Ver nota 1.
6 Ver, por exemplo, Ramos (2005), Taglialegna e Carvalho (2006), Zampieri (2013), Baird (2016), Thomaz (2016), Enomoto (2017) e Pellini (2017).

específico do mundo externo, segmento esse formado pelas instituições do poder público. As relações institucionais e governamentais de um agente podem envolver o lobby – quando há defesa dos interesses desse agente durante um processo decisório. Mas as relações institucionais e governamentais não se restringem ao lobby, podendo envolver outras atividades, tais como: atualização do agente sobre o trabalho do poder público; informações para o poder público sobre o trabalho do agente; análise de riscos; prospecção de tendências e cenários futuros etc.

Advocacy, por sua vez, é outro termo do idioma inglês, frequentemente apropriado por ONGs e movimentos sociais, para designar um estilo próprio de defesa de interesses, que estaria voltado para a promoção do bem público e de grandes causas sociais (direitos humanos, meio ambiente, erradicação do trabalho escravo e infantil etc.), distinguindo-o da defesa de interesses particularistas. Entretanto, como dissemos, adotamos neste trabalho o conceito de lobby para designar a defesa de todos os tipos de interesse diante de todos os tipos de decisão do poder público.

Capítulo 2

Quem faz lobby?

É lógico que o lobby, como ato político, ou seja, a defesa de interesses em processos decisórios do poder público, não é feito apenas por pessoas que abordam voluntariosamente os tomadores de decisões nos salões de entrada dos prédios por onde eles passam. Então, de modo mais geral, quem são os lobistas? Quais são os seus alvos? Como seu trabalho se organiza? Em que momentos e etapas esse trabalho se desdobra? Quais são suas técnicas de atuação? Essas são as questões de que trataremos nas páginas seguintes.

Os lobistas são indivíduos que defendem interesses ao longo de processos de tomada de decisão do poder público.[7] Há, basicamente, dois tipos de lobistas: (1) os lobistas de ofício ou profissionais, que são contratados formalmente, mediante remuneração, para prestar serviços de representação de inte-

---

[7] Ótimos textos sobre o trabalho dos lobistas no Brasil são Farhat (2007) e Galan (2012). Esses textos, no entanto, têm como principal objetivo ensinar a fazer lobby, e não analisar o fenômeno, como é o propósito deste livro.

resses, e (2) os lobistas voluntários, cujo trabalho de defesa de interesses não decorre de um contrato formal em que se estabelecem responsabilidades e contrapartidas.

Entre os lobistas de ofício ou profissionais, duas categorias se destacam: (1) os lobistas autônomos, que são contratados por tarefa ou "empreitada", e (2) os lobistas empregados, que são contratados para defender os interesses determinados pelas organizações de que são funcionários.

Os lobistas autônomos geralmente são contratados por clientes para desenvolver um trabalho mais focalizado, em torno de causas pontuais. Esses lobistas têm liberdade para escolher os clientes cujos interesses irão defender. Alguns lobistas autônomos se dispõem a trabalhar simultaneamente com um amplo leque de clientes e questões, ao passo que outros preferem se dedicar a um nicho mais estreito de clientes, especializando-se em questões específicas (por exemplo: questões tributárias, questões relativas a determinado setor econômico etc.). Os lobistas autônomos podem trabalhar sozinhos ou comandar empresas especializadas no trabalho de defesa de interesses. É difícil apreender a dimensão exata do universo de empresas que hoje prestam serviços de representação de interesses no Brasil. Entre essas empresas encontram-se escritórios de advocacia e de consultoria política, agências de relações públicas, agências de comunicação, agências de publicidade, entre outras.

Diferentemente dos lobistas autônomos, os lobistas empregados são indivíduos contratados por organizações para fazer parte do seu quadro de funcionários e defender os interesses que lhes forem determinados. A defesa de interesses da própria organização, de seus membros, ou de seu público-alvo pode ou não ser a função exclusiva desses funcionários. Em outras palavras, a defesa de interesses sempre integra o conjunto de funções que as organizações empregadoras esperam que esses funcionários desempenhem, mesmo que esta não seja exclusiva.

Há diversos tipos de organizações que contratam funcionários, atribuindo-lhes a função de fazer lobby. Essas organizações podem estar situadas na esfera do Estado, do mercado ou da sociedade civil.

Comecemos focalizando as organizações da esfera do Estado. Seja em nível federal, estadual ou municipal, muitas agências da administração pública direta (por exemplo: ministérios e secretarias) ou indireta (por exemplo: autarquias, fundações, empresas públicas, sociedades de economia mista e agências reguladoras) possuem em seus organogramas seções como assessorias parlamentares, consultorias jurídicas, departamentos de comunicação social ou outras correlatas. Os funcionários dessas seções podem ser designados por seus superiores para fazer lobby em defesa dos interesses que lhes forem determinados.

Na esfera do mercado, muitas empresas privadas possuem departamentos próprios de relações institucionais ou governamentais, cujos funcionários são encarregados, entre outras coisas, de articular os interesses das empresas junto ao poder público. Ainda na esfera do mercado, outras organizações também empregam lobistas: é o caso das associações de empresários e de trabalhadores. No Brasil, o universo das associações empresariais e de trabalhadores é dividido em duas partes: as associações corporativistas e as não corporativistas. As associações corporativistas foram instituídas pela legislação sindical da década de 1930, no governo de Getúlio Vargas, e perduram até os dias de hoje. Correspondem às organizações sindicais de empregadores e empregados, abrangidas pelas regras presentes no título V da Consolidação das Leis do Trabalho (CLT). A estrutura de associações corporativistas possui diversos níveis. A base dessa estrutura é formada pelos sindicatos patronais ou de trabalhadores, que podem ter abrangência municipal, intermunicipal, estadual, interestadual ou nacional. A Constituição brasileira (art. 8º, II) estabelece a unicidade sindical, ou seja, atribui a um único sindicato o papel de mediador oficial dos interesses de empresas ou de trabalhadores: (1) que realizam atividades idênticas, similares ou conexas – constituindo assim uma mesma categoria econômica ou profissional; e que (2) estão localizados na região abarcada pela entidade. Além dos sindicatos, há as associações de grau superior. No nível imediatamente superior ao dos sindicatos encontram-se as federações, que reúnem sindicatos que atuam no mesmo segmento econômico ou profissional. No terceiro nível da estrutura corporativa situam-se as confederações, que abrangem federações de empregadores ou de empregados. Finalmente, no caso dos trabalhadores, há ainda outro nível, formado pelas centrais sindicais, reconhecidas formalmente pela Lei nº 11.648/2008. As associações corporativistas são sustentadas financeiramente, entre outras fontes, pela contribuição sindical, que é paga por empresas e trabalhadores aos sindicatos que os representam (CLT, art. 580).[8] Os recursos da contribuição sindical são distribuídos entre as associações corporativistas de diferentes níveis (CLT, art. 589). Muitos sindicatos, federações, confederações e centrais sindicais in-

---

8   A Lei nº 13.467/2017 – também conhecida como Lei da Reforma Trabalhista – extinguiu a contribuição sindical compulsória.

vestem recursos para empregar funcionários encarregados de fazer lobby em defesa dos interesses determinados por seus empregadores.

Por sua vez, as associações não corporativistas são organizações de empresários e de trabalhadores que não são abrangidas pelas regras sindicais da Constituição e da CLT. Há muitas associações não corporativistas que representam segmentos específicos da atividade empresarial, por exemplo: a Associação Nacional dos Fabricantes de Veículos Automotores (Anfavea), a Associação Brasileira para o Desenvolvimento da Indústria de Base (Abdib), a Associação Brasileira da Indústria de Máquinas e Equipamentos (Abimaq), entre várias outras. Também há importantes associações não corporativistas de trabalhadores, como o Departamento Intersindical de Assessoria Parlamentar (Diap) e o Departamento Intersindical de Estatística e Estudos Socioeconômicos (Diese). Diferentemente do que ocorre com as entidades corporativistas, não existe uma estrutura hierárquica definida por lei entre as associações não corporativistas. Além disso, enquanto o sistema corporativista por muito tempo foi mantido com a contribuição sindical compulsória devida por empresas e trabalhadores,[9] fossem eles filiados ou não aos sindicatos, as associações não corporativistas se mantêm com as contribuições financeiras feitas pelos associados, que decidem *voluntariamente* se irão ou não irão aderir às entidades. Muitas associações não corporativistas de empresários e de trabalhadores também utilizam seus recursos para empregar funcionários incumbidos de fazer lobby.

---

9   Aspecto que, conforme explicado na nota anterior, foi alterado pela Lei da Reforma Trabalhista, de 2017.

Na esfera da sociedade civil encontra-se um diversificado mosaico de organizações religiosas, culturais e comunitárias; organizações voltadas para a promoção de causas sociais, tais como o ambientalismo e a defesa de minorias, e inúmeras outras organizações que não se situam nem na esfera do Estado (administração pública direta e indireta), nem na esfera do mercado (empresas privadas e seus trabalhadores, envolvidos na produção, distribuição e comercialização de bens e serviços, bem como suas associações). Muitas organizações da esfera da sociedade civil também investem recursos para a contratação de profissionais cujo rol de atividades inclui o lobby.

A redemocratização política iniciada no Brasil em meados da década de 1980 impulsionou a profissionalização do lobby no país, tendência que vem sendo reforçada desde então.[10] De fato, em contextos não democráticos, o processo de tomada de decisão tende a ser centralizado e a ter pouca visibilidade pública. Em contextos assim, o êxito do lobista nem sempre depende de uma atuação profissional. Por outro lado, o processo decisório em um contexto democrático tende a ser mais descentralizado, institucionalizado (isto é, a seguir uma sequência predefinida de etapas), e aberto ao escrutínio público. Portanto, em um contexto democrático, a qualidade do trabalho de defesa dos interesses tende a ter maior importância para o sucesso do lobista. Desse modo, a democratização incentiva o especialista em representação de interesses a profissionalizar sua atividade. Três características se destacam,

---

10 Há associações que procuram organizar os lobistas, refletir sobre sua atividade e representar os interesses desses profissionais, no que poderíamos talvez chamar de lobby do lobby. Entre elas se destacam a Associação Brasileira de Relações Institucionais e Governamentais (Abrig) e o Instituto de Relações Governamentais (Irelgov).

em geral, como de grande importância para um lobista profissional bem-sucedido – seja ele autônomo ou empregado.

A primeira característica é um bom treinamento. O bom treinamento usualmente inclui formação acadêmica de nível superior. Não se exige um curso superior específico para o trabalho de lobista. Por isso, há lobistas graduados em áreas mais gerais, que proveem formação básica relevante para qualquer representante de interesses – sobretudo a área do direito, mas também outras áreas, tais como administração pública, administração de empresas, comunicação social, relações públicas, ciência política, relações internacionais, sociologia, economia, filosofia, entre outras. Outros lobistas, por sua vez, possuem formação superior específica nas áreas em que sua atuação se concentra – por exemplo, formação em engenharia para lobistas que concentram sua atuação na área de minas e energia.

Há lobistas que frequentam cursos de pós-graduação *lato sensu* (especialização) e *stricto sensu* (mestrado e doutorado), cursos que permitem aprofundamento em questões de sua área específica de atuação ou em temáticas de utilidade geral, tais como assessoria parlamentar e relações governamentais.

Nos casos de escritórios de lobby e de lobistas empregados, o treinamento recebido em instituições de ensino muitas vezes é complementado por treinamento *in company*. Esse treinamento imprime o estilo de atuação que se espera do ingressante na carreira.

A segunda característica importante para o lobista profissional é o conhecimento exímio do processo decisório. Para o lobista profissional, é fundamental conhecer a fundo os meandros do processo decisório nas instâncias públicas que focaliza, para saber exatamente quem contatar nas diversas etapas da tomada de decisão e como contatar os decisores de forma mais eficaz.

A terceira característica é a capacidade de trabalhar com informação. De fato, a informação é a matéria-prima do trabalho do lobista. Os lobistas de ofício precisam ser capazes de captar e organizar a informação, e também de disseminá-la como comunicadores competentes, usando-a com habilidade para persuadir os tomadores de decisão. A capacidade de trabalhar com a informação é fundamental para que o lobista profissional tenha a confiança de quem o contrata e eficácia junto aos tomadores de decisão.

Até aqui, dirigimos nosso olhar exclusivamente para certo tipo de lobista: o lobista profissional ou de ofício, contratado formalmente, mediante remuneração, para prestar serviços de defesa de interesses. No entanto, outro tipo importante de lobista são os lobistas voluntários, que podem ser definidos como indivíduos que não são contratados formalmente para o exercício do lobby, mas mesmo assim envolvem-se com a atividade, atuando em processos decisórios para defender interesses que lhes são caros. Entre os lobistas voluntários encontram-se, por exemplo, o líder empresarial que pressiona, por conta própria, por interesses do seu segmento social, como a redução do custo Brasil; o líder religioso que avoca a tarefa de defender interesses de minorias marginalizadas; o artista que se identifica com a promoção de uma causa (por exemplo: a proteção dos animais); o líder político[11] que se coloca como porta-voz dos interesses de um segmento social

---

11 Alguns estudiosos do lobby designam como lobistas apenas indivíduos que não fazem parte do poder público. Nossa definição de lobby prescinde dessa distinção. Afinal, um membro do poder público pode agir como lobista – ou seja, como defensor de interesses durante processos decisórios – tanto nos casos em que a decisão será tomada exclusivamente por outros membros do poder público quanto naqueles em que ele próprio é parte de um coletivo incumbido de tomar a decisão (por exemplo, procurando influir sobre a decisão de colegas numa votação do Congresso, ou no acórdão de um colegiado judicial).

específico (por exemplo: os jovens, os aposentados) ou dos interesses de seus financiadores de campanha; ou ainda certos "amigos do rei" – indivíduos que são próximos dos tomadores de decisão por vínculos de amizade ou parentesco e que, embora não sejam lobistas profissionais, dispõem-se eventualmente a usar sua proximidade dos decisores como meio de promoção de interesses.

O fato de esses lobistas atuarem voluntariamente, sem um contrato formal de representação de interesses, não significa que eles sejam atores altruístas, desprovidos de autointeresse, pois ao agirem podem visar a compensações de diversas naturezas. Como ensina o cientista político norte-americano John Kingdon (1995), esses verdadeiros empreendedores de políticas públicas podem visar, por exemplo, a concretos benefícios materiais para si próprios (por exemplo: o empresário que se destaca na defesa da reforma tributária; ou o político que se liga a algum interesse para arregimentar votos ou contribuições de campanha que o ajudem a conquistar cargos ou a manter-se neles). Eles podem visar também à sensação de estar "do lado certo", defendendo uma causa considerada justa à luz de suas ideologias, valores ou convicções. Podem ainda simplesmente visar à sensação de estar perto do poder, "participando do jogo" e "ajudando a construir a história". Essas motivações não são mutuamente excludentes – isto é, o lobista pode ser impulsionado, ao mesmo tempo, pela busca de mais de uma dessas compensações.

Em síntese, os interesses sociais podem mobilizar, simultaneamente, diversos tipos de lobistas para promover seus objetivos ao longo de processos decisórios. Assim, por exemplo, uma empresa privada pode contratar um escritório de lobby para defender seus interesses em torno de pontos específicos de certa tomada de decisão que irá afetá-la. Enquanto isso, pode empregar também funcionários próprios para realizar um trabalho mais contínuo de defesa de interesses junto aos órgãos públicos cujas decisões impactam sua área de atuação. Além disso, pode se beneficiar do trabalho do *staff* das associações corporativistas e extracorporativistas que a representam, bem como da influência de destacados líderes empresariais, ou ainda da atuação de políticos cujas campanhas eleitorais financiou. Esses diferentes tipos de lobistas – profissionais ou voluntários – podem ajudar a empresa a alcançar seus propósitos junto ao poder público.

Capítulo 3

Onde se faz lobby?

Até este ponto, analisamos a figura dos lobistas. A partir de agora, analisaremos os alvos da atuação desses representantes de interesses. Quais são, portanto, os alvos dos lobistas? Em termos gerais, podem se tornar alvos do lobby todos os indivíduos que são membros do poder público e que, em decorrência dessa condição, podem tomar decisões que afetam os interesses de segmentos sociais representados por lobistas.

Em nível interno, no caso brasileiro, esses tomadores de decisões encontram-se em órgãos dos três poderes do Estado – Legislativo, Executivo e Judiciário –, tanto em âmbito nacional quanto subnacional. Em nível externo, esses tomadores de decisões encontram-se em órgãos do poder público de outros países ou estão envolvidos em processos decisórios supranacionais, de âmbito regional ou global.

No Brasil, o lobby junto ao Poder Legislativo pode ser feito, em âmbito nacional, na Câmara dos Deputados e no Senado Federal, e, em nível subnacional, nas assembleias legislativas estaduais e nas câmaras municipais de vereadores. Para entender o lobby junto ao Poder Legislativo, é importante levar em conta que a produção legislativa se desdobra em diferentes estágios: (1) a formulação das proposições analisadas pelos parlamentos; (2) a discussão e a votação das proposições, no âmbito das comissões e do plenário; (3) o pronunciamento do chefe do Poder Executivo sobre o texto aprovado;[12] e (4) a votação dos parlamentares sobre os vetos eventualmente interpostos pelo chefe do Poder Executivo. O lobby pode ocorrer em qualquer um desses estágios da produção legislativa.

Por exemplo, o lobby pode remontar ao estágio em que a proposição está sendo formulada. Nesse estágio inicial da produção legislativa, pode acontecer de muitas maneiras. Há casos em que os lobistas são convidados formalmente a participar de grupos que prepararão anteprojetos de lei, que posteriormente serão apresentados por parlamentares ou pelo Poder Executivo. Também há casos em que o autor de uma proposta, ciente do impacto dela sobre determinado segmento social, toma a iniciativa de consultar os lobistas daquele segmento antes de definir o conteúdo final do projeto. Há casos ainda em que os legisladores são ligados a certos grupos de interesse e optam por apresentar – com pouca ou nenhuma modificação – projetos elaborados pelo corpo técnico daqueles grupos. Em todos esses casos, o lobby ocorre antes mesmo que se inicie a tramitação da proposição legislativa.

O lobby também pode ocorrer nos estágios de discussão e votação das proposições legislativas, seja nas comissões ou

---

12 Há casos em que o texto aprovado pelo Parlamento não é remetido à sanção do chefe do Executivo – por exemplo: propostas de emenda constitucional, projetos de decreto legislativo e mensagens de acordos internacionais. Esses casos estão previstos nas regras que regem a tramitação dos diversos tipos de proposições legislativas nas diferentes casas legislativas.

em plenário. De fato, uma parte significativa do trabalho legislativo é realizada nas comissões temáticas dos parlamentos, onde as proposições legislativas são analisadas inicialmente, de acordo com suas matérias, e posteriormente votadas.[13] Muitas decisões tomadas nas comissões sequer chegam a ser votadas em plenário. Isso ocorre, por exemplo, quando uma proposição é rejeitada nas comissões e não há recurso a ser apreciado. É o que ocorre também quando as comissões possuem poder terminativo e aprovam uma proposição. Grande parte do lobby dirige-se, portanto, para as comissões. No espaço das comissões, o lobby frequentemente acontece em eventos tais como audiências públicas, seminários e reuniões de trabalho, que são convocados para proporcionar aos lobistas a oportunidade de interagir com os legisladores, debater com eles a proposição legislativa em análise e manifestar, diante deles, suas demandas.[14] Contudo, o lobby no nível das comissões não se restringe aos eventos de caráter oficial. Em inúmeras situações, a iniciativa do contato não é tomada pelos parlamentares, mas pelos próprios lobistas, que abordam os legisladores em situações informais, dentro ou fora do espaço do Parlamento.

Ao votarem, as comissões se baseiam em pareceres de relatores. Enquanto elaboram seus pareceres, os relatores tornam-se alvos privilegiados dos lobistas.[15] Após a apresentação desses pareceres, o foco dos lobistas se desloca para os membros da comissão em geral, para que eles aprovem, rejeitem ou modifiquem os pareceres, conforme o caso.

---

13 Sobre a atuação dos lobbies nas comissões permanentes do Congresso Nacional, ver Zampieri (2013).
14 Sobre a intensa atuação dos grupos de interesse em audiências públicas promovidas por comissões da Câmara dos Deputados, ver Cesário (2016).
15 Sobre a importância do relator no trabalho das comissões, ver Santos e Almeida (2005).

O lobby continua quando as proposições são encaminhadas para o plenário das casas legislativas. Nesse estágio, os líderes do governo e dos partidos políticos de situação e de oposição tornam-se alvos importantes do lobby, para que o projeto seja repelido, alterado ou aprovado. O lobby sobre as lideranças é realizado porque há a expectativa de que essas lideranças orientarão o voto de suas bancadas e que estas acompanharão sua orientação.[16] O lobby sobre os líderes é complementado pelo lobby sobre os parlamentares, em base individual.

No Brasil, tanto em nível nacional quanto subnacional, o Poder Executivo desempenha um papel significativo na produção legislativa, pois o presidente, os governadores e os prefeitos são autores de grande parte das proposições transformadas em normas jurídicas.[17] Dessa forma, os lobistas têm um forte estímulo para interpelar o Poder Executivo. Na prática, o lobby sobre o Poder Executivo vai além dos casos em que esse poder é autor da proposição legislativa em análise. O lobby junto ao Executivo ocorre também durante a tramitação de projetos de parlamentares, em que o governo se envolve como parte interessada ou como árbitro de conflitos entre interesses diversos. Nos muitos casos em que os lobistas interpelam o Executivo, o contato pode ocorrer: (1) no momento em que a proposição está sendo redigida, (2) durante o processo de negociação do projeto no Parlamento ou (3) no momento em que o chefe do Poder Executivo deve decidir

---

16   Sobre o papel dos líderes partidários no comportamento disciplinado dos parlamentares, ver Figueiredo e Limongi (1999) e Mancuso (2014).
17   Sobre a preponderância do Executivo na produção legislativa brasileira e sobre a relação entre nossas instituições políticas e a governabilidade, ver Figueiredo e Limongi (1999), Palermo (2000) e Ames (2001).

se irá sancionar ou vetar (total ou parcialmente) uma proposição aprovada pelo Legislativo. Em caso de insatisfação com os vetos interpostos pelo chefe do Executivo, resta ainda aos lobistas a alternativa de tentar convencer os parlamentares a suprimir os vetos.

O lobby junto ao Poder Executivo não se restringe apenas aos casos em que esse poder participa no processo de produção legislativa. De fato, o lobby também se dirige ao Executivo, em nível nacional e subnacional, tendo em vista as decisões administrativas que se encontram em sua competência. A chefia do Poder Executivo, escolhida diretamente pelos eleitores, é ocupada em nível nacional pelo presidente da República, em nível estadual pelos governadores e em nível municipal pelos prefeitos. Os chefes do Executivo são auxiliados por ministérios (em nível nacional), secretarias (em nível nacional, estadual e municipal) e, eventualmente, outros órgãos de consulta e assessoramento. Esses organismos de auxílio aos chefes do Executivo são dirigidos por pessoas por eles nomeadas. Para o desempenho de suas atribuições, os chefes do Executivo, bem como seus auxiliares mais próximos (ministros ou secretários), contam com a estrutura da administração pública, que abrange tanto a administração direta (organizações integradas à chefia do Executivo ou aos ministérios e secretarias) quanto a administração indireta (autarquias, empresas públicas, sociedades de economia mista e fundações públicas). O lobby no Executivo pode ter como alvo os chefes desse poder, seus auxiliares mais próximos (ministros e secretários), bem como os funcionários de diversos escalões da administração pública direta e indireta. Pode ocorrer durante a formulação de programas e políticas públicas, bem como durante sua implementação, que usualmente envolve atos administrativos tais como a contratação de obras, serviços e compras; a concessão de empréstimos, permissões e licenças, entre outros.

No Brasil, a prestação de muitos serviços públicos é concedida pelo poder público à iniciativa privada – por exemplo: serviços públicos de energia elétrica, telecomunicações, aviação civil e transporte terrestre – e é orientada por agências reguladoras – por exemplo, em nível nacional: Agência Nacional de Energia Elétrica (Aneel), Agência Nacional de Telecomunicações (Anatel), Agência Nacional de Aviação Civil (Anac), Agência Nacional de Transportes Terrestres (ANTT). As agências reguladoras de nível nacional e subnacional, ligadas à administração indireta, são alvos importantes do lobby dos prestadores e consumidores de serviços públicos concedidos à iniciativa privada. As agências reguladoras não tratam apenas de serviços públicos concedidos. Por exemplo, a Agência Nacional de Vigilância Sanitária (Anvisa) é encarregada de tratar de produtos e serviços que podem afetar a saúde da população brasileira, tais como alimentos, medicamentos e cosméticos, entre outros. A Agência Nacional de Saúde Suplementar (ANS) regula os planos de saúde. Agências reguladoras como essas também são alvos de lobbies.

Assim como atuam junto ao Poder Legislativo e ao Poder Executivo, os lobistas também atuam junto ao Poder Judiciário para defender os interesses dos segmentos sociais que representam. A ação dos lobbies no Judiciário pode se dirigir a órgãos de primeira instância – juízes singulares –, bem como a órgãos de instância superior, ou seja, os órgãos colegiados – tribunais estaduais e regionais, tribunais superiores e Supremo Tribunal Federal (STF).

O lobby no Judiciário pode ocorrer, sobretudo, em duas circunstâncias. Em primeiro lugar, ao longo de procedimentos administrativos tais como elaboração de editais para compra de bens e serviços. Em segundo lugar, o lobby no Judiciário também ocorre quando representantes de segmentos sociais atuam para instruir deliberações judiciais. Essa atuação pode se dar em vários casos, dos quais destacaremos dois: a intervenção como *amicus curiae* (literalmente, "amigo da corte") ou a participação em audiências públicas.

O primeiro caso, ou seja, a atuação de representantes de segmentos sociais como *amici curiae*, é admissível nas seguintes ocasiões:[18] (1) quando relatores do Supremo Tribunal Federal autorizam a manifestação de interessados enquanto analisam ações de controle abstrato de constitucionalidade (ADIs ou ADPFs: arguições de descumprimento de preceito fundamental), ou seja, ações em que não se julga um caso concreto, mas o eventual confronto de uma norma jurídica com a Constituição (conforme as leis nº 9.868/1999 e nº 9.882/1999); (2) quando relatores de tribunais autorizam a manifestação de interessados enquanto analisam ações de controle concreto de constitucionalidade, ou seja, ações em que se julga a constitucionalidade de uma norma jurídica, durante a análise de um caso específico (conforme o art. 482 do Código de Processo Civil); (3) quando relatores autorizam a manifestação de interessados enquanto analisam pedidos de uniformização de interpretação de lei federal, decorrentes de processos instaurados em juizados especiais cíveis ou criminais (JECCs) da Justiça Federal, ou enquanto analisam recur-

---

18   As informações referentes ao *amicus curiae* são baseadas na dissertação de mestrado de Olivia Ferreira Razaboni (2009).

sos extraordinários de decisões proferidas por esses JECCs (conforme Lei nº 10.259/2001).

O segundo caso ocorre, por exemplo, quando relatores de ações de controle abstrato de constitucionalidade – ADIs, ADPFs e ações declaratórias de constitucionalidade (ADCs) – convocam audiências públicas para ouvir depoimentos de pessoas com experiência e autoridade na matéria analisada. Alguns casos recentes de audiências públicas promovidas pelo STF, com ampla participação de representantes de segmentos sociais, foram as audiências sobre temas polêmicos, tais como o início da vida (na controvérsia sobre a utilização de células-tronco embrionárias, obtidas de embriões humanos, para fins de pesquisa e terapia), a descriminalização do aborto de fetos anencéfalos, o modelo de financiamento de campanhas eleitorais e as políticas de ação afirmativa para acesso ao ensino superior.

O trabalho de defesa de interesses realizado por lobistas nem sempre se esgota no plano interno do país em que residem. De fato, segmentos sociais podem contar com lobistas para representá-los também no plano externo.

No plano externo, os alvos dos lobistas podem ser os membros do poder público de um país determinado. A forma de organização do poder público varia de país para país, e tomadores de decisões de diversos níveis – desde as mais localizadas às mais abrangentes – podem se tornar alvos da pressão de lobistas estrangeiros. Os lobistas estrangeiros podem representar segmentos sociais específicos de outro país, ou então defender interesses transfronteiriços. Para ilustrar o primeiro caso, podemos mencionar os lobistas de empresas estrangeiras, que pressionam o poder público de outro país pela concessão de benefícios tributários, como precondição para a instalação de plantas naquele país. Outro exemplo do primeiro caso são os lobistas de associações empresariais de um país, que contam com escritórios de representação de interesses abertos no exterior – a associação empresarial brasileira União da Indústria de Cana-de-Açúcar (Unica), por exemplo, possui escritórios nos EUA e na Europa, e atua fortemente em ambos os cenários (Consentino, 2011; Thomaz, 2012). Já o segundo caso pode ser exemplificado por organizações internacionais como a Human Rights Watch, no campo da defesa dos direitos humanos, ou a International Transparency, no campo do combate à corrupção. Essas organizações elaboram e divulgam relatórios periódicos que apresentam um diagnóstico da situação de diversos países no que se refere aos seus respectivos campos de atuação. Esses relatórios podem receber atenção da mídia e da população, em nível local e internacional, e assim podem servir como fontes de pressão para que o poder público de diversos países aprimore suas práticas.

Outro alvo externo de lobistas ligados a segmentos sociais específicos de um país, ou a interesses transfronteiriços, são os processos decisórios supranacionais, de âmbito regional ou global. Um exemplo do primeiro caso é a atuação de lobistas ligados a diversos segmentos do empresariado brasileiro, com vistas a influenciar a posição do país em negociações regionais ou globais de liberalização comercial – por exemplo, as recentes negociações realizadas no âmbito da Área de Livre Comércio das Américas (Alca), do Mercado Comum do Sul (Mercosul) ou da Organização Mundial do Comércio (OMC).[19] Por outro lado, um exemplo recente da ação de lobbies trans-

---

19 Ver, por exemplo, Oliveira (2003) e Araújo (2008).

fronteiriços em torno de processos decisórios supranacionais é a atuação de entidades ambientalistas internacionais, que aproveitam encontros globais sobre a questão ambiental para pressionar os governos de todo o mundo pela adoção de medidas que restrinjam a emissão de poluentes na atmosfera, a fim de reduzir o aquecimento global.

Em resumo, os possíveis alvos do lobby são múltiplos. Há casos em que o lobby pode se restringir a um único ponto de decisão, em algum órgão de um dos poderes do Estado, em nível nacional ou subnacional. Em outros casos, a defesa dos interesses representados exige que o trabalho de lobby se desdobre por uma sequência de pontos de decisão, que pode envolver órgãos de diversos poderes do Estado – é o caso do lobby que se inicia na formulação de uma medida provisória (MP) pela Presidência da República, estende-se durante a tramitação dessa MP pelas casas do Congresso e chega finalmente ao STF, caso a constitucionalidade da norma jurídica aprovada seja arguida. Há casos, ainda, em que o lobby necessita atravessar as fronteiras nacionais para procurar intervir em decisões que serão tomadas por membros do poder público de outro país, em particular, ou por membros do poder público de diversos países, reunidos em instâncias supranacionais, de âmbito regional ou global.

Capítulo 4

Quando e como se faz lobby?

Nas páginas anteriores, discorremos sobre os diversos tipos de lobistas e os múltiplos alvos de sua atuação. Queremos agora focalizar nossa atenção em duas questões adicionais. A primeira questão é: *quando* os lobistas atuam? Em outras palavras: em que momentos os lobistas podem realizar seu trabalho de defesa de interesses? A segunda questão, que complementa a primeira, é a seguinte: *como* os lobistas podem atuar em cada momento de seu trabalho?

Em linhas gerais, há três momentos em que os lobistas podem atuar. O primeiro momento corresponde à escolha dos indivíduos que tomarão decisões nas diversas instâncias-alvo dos lobbies. O segundo momento abrange as etapas que compõem o processo decisório em cada instância-alvo. Em geral, o processo decisório nas diversas instâncias-alvo é composto de três etapas: a definição da agenda, a formulação de propostas referentes aos itens da agenda e a tomada de decisão. Mas a tomada de decisão nem sempre esgota as ocasiões abertas à atuação dos lobistas. De fato, decisões tomadas podem ser contestadas judicialmente, e os lobbies podem ser os proponentes dessas contestações. Além disso, para serem executadas, as decisões de algumas instâncias-alvo precisam ser sucedidas por uma série de providências complementares, referentes às etapas de regulamentação e de implementação das decisões anteriores. Os lobbies podem atuar nessas etapas de regulamentação e implementação. Depois de executadas, as decisões podem vir a ser avaliadas e, se for o caso, substituídas por decisões novas – e os lobbies podem atuar também nessas etapas de avaliação e revisão. Portanto, o terceiro momento em que os lobistas podem atuar engloba as etapas que eventualmente sucedem a tomada de decisão nas instâncias-alvo. Em outras palavras, os lobistas podem atuar em todas as fases ou estágios que compõem o ciclo das políticas públicas (Ripley, 1995; Secchi, 2010).

É fundamental destacar, desde logo, dois pontos relevantes para a discussão apresentada a seguir. Em primeiro lugar, os próximos parágrafos têm o propósito de apresentar um quadro abrangente dos momentos abertos à atuação dos lobistas, bem como possíveis formas de atuação em cada um desses momentos. Isso não corresponde a dizer que todos os lobistas, para defender os interesses dos segmentos representados, atuam em todos os momentos e realizam todas as atividades que serão identificadas. Em segundo lugar, é importante levar em conta que as diversas instâncias-alvo do lobby têm regras próprias que regem sua composição e seu funcionamento. Assim, dependendo da instância-alvo, as regras que a regem podem permitir ou vedar a atuação dos lobbies em momentos identificados acima. O lobby lícito leva essas regras em conta, ao passo que o lobby ilícito procura burlá-

-las. Voltaremos oportunamente à distinção entre lobby lícito e ilícito. Por ora, desenvolveremos uma discussão geral acerca da atuação dos lobistas em cada um dos três momentos.

O trabalho de defesa de interesses pode remontar ao momento em que os decisores estão sendo escolhidos. Nesse momento, o objetivo é favorecer a escolha de decisores alinhados aos interesses defendidos, bem como desfavorecer a escolha de decisores menos afinados com os segmentos representados. A tentativa de influenciar a escolha dos decisores pode ocorrer em duas circunstâncias. A primeira é a definição dos indivíduos que ocuparão cargos com poder de decisão. A segunda é a escolha, entre os ocupantes desses cargos, daqueles indivíduos que efetivamente tomarão decisões referentes ao interesse defendido pelo lobista.

Tratemos, inicialmente, da primeira circunstância. No caso brasileiro, há três formas de acesso a cargos com poder de decisão: concurso público, eleição e nomeação. No âmbito do Poder Executivo, em nível nacional e subnacional, o concurso público é uma forma de acesso a cargos com poder de decisão, em diversos escalões das organizações da administração pública direta e indireta. No âmbito do Poder Judiciário, o ingresso na magistratura de carreira também depende de aprovação em concurso público. Não há forma lícita de influência sobre a escolha dos decisores quando esta se dá mediante concurso público, que deve obedecer aos princípios da legalidade, impessoalidade, moralidade e publicidade (Constituição Federal, art. 37, *caput*).

Eleição popular é a forma exclusiva de acesso à chefia do Poder Executivo e aos assentos do Poder Legislativo, em nível nacional e subnacional. Nesse caso, é maior a margem de manobra disponível para tentativas de influência sobre a escolha dos decisores. Em primeiro lugar, os lobistas podem atuar na definição das candidaturas, seja estimulando a apresentação de candidatos simpáticos aos interesses por eles defendidos (oriundos das fileiras do próprio segmento representado, ou externos a esse segmento), seja desestimulando candidaturas que defenderão interesses opostos.[20] Uma vez definidas as candidaturas, os lobistas podem tentar influenciar o resultado das eleições. Podem tentar isso seja contribuindo para o êxito de candidatos favoráveis aos interesses defendidos – por exemplo, estimulando o financiamento de suas campanhas[21] ou outras formas de apoio eleitoral (declarações públicas, organizações de eventos etc.) –, seja colaborando para o fracasso de candidatos comprometidos com interesses contrários – por exemplo, promovendo campanhas negativas por meio da divulgação de informações desfavoráveis.

Nomeação é outra forma de acesso a cargos com poder de decisão. Os chefes do Poder Executivo podem nomear e exonerar seus auxiliares diretos (ministros, em nível nacional, e secretários, em nível nacional, estadual e municipal), bem como os ocupantes de numerosos cargos em comissão e funções de confiança, existentes em diversos escalões da administração pública direta e indireta. O presidente da República também nomeia membros de diversas instâncias superiores do Poder Judiciário, tais como o Supremo Tribunal Federal (STF), o Superior Tribunal de Justiça (STJ), o Tribunal Superior Eleitoral (TSE), o Tribunal Superior do Trabalho (TST),

---

20 Rodrigues (2006) estuda os vínculos entre políticos e diversos interesses organizados (empresariado, sindicatos, igrejas etc.). Silva (2002), por sua vez, estuda especificamente a presença de empresários na Câmara dos Deputados.
21 Sobre financiamento de campanhas pelo empresariado no Brasil, ver Mancuso e Speck (2015), Mancuso, Horochovski e Camargo (2016) e Mancuso et al. (2016).

o Superior Tribunal Militar (STM), os tribunais regionais federais (TRFs), os tribunais regionais do trabalho (TRTs) e os tribunais regionais eleitorais (TREs). As nomeações presidenciais para cada uma dessas instâncias obedecem a regras e requisitos específicos, estabelecidos pela Constituição. Por sua vez, os governadores nomeiam membros das instâncias superiores da Justiça Estadual – os tribunais de justiça (TJs) e os tribunais de justiça militar (TJMs), nos estados que os possuem. Essas nomeações estaduais também obedecem a regras e requisitos específicos, de nível nacional e estadual. Diferentemente do que ocorre com os nomeados para cargos do Poder Executivo, os nomeados para instâncias judiciais superiores de nível nacional e estadual não são exoneráveis *ad nutum* por quem os nomeou.[22] No caso das nomeações para cargos públicos com poder de decisão, tanto no Executivo quanto no Judiciário, os lobistas podem atuar, direta ou indiretamente (por exemplo, por meio de campanhas positivas ou negativas na mídia), junto àqueles que têm poder de nomear (e, quando for o caso, de exonerar), para que eles escolham decisores simpáticos aos interesses defendidos e vetem (ou exonerem, quando possível) decisores ligados a interesses opostos.

---

22 Em algumas instâncias judiciais superiores, as nomeações feitas pelos chefes do Executivo são complementadas por escolhas feitas diretamente por membros dessas instâncias. Por exemplo, alguns membros do TSE são escolhidos pelos membros do STF e do STJ entre seus próprios integrantes. Alguns membros do TST são escolhidos pelos próprios integrantes desse tribunal entre os juízes dos TRTs. Alguns membros dos TREs são escolhidos pelos membros dos TRFs entre seus integrantes (ou entre juízes federais) e outros membros dos TREs são eleitos pelos TJs estaduais entre seus próprios integrantes e entre juízes de direito escolhidos pelos TJs. Lobbies podem atuar nesses casos para afetar essas escolhas. É importante mencionar, ainda, que os membros do Conselho Nacional de Justiça (CNJ) – órgão do Poder Judiciário criado em 2004 – são indicados por diversas instâncias judiciais superiores (STF, STJ, TST), pelo procurador-geral da República, pelo Conselho Federal da OAB, pela Câmara dos Deputados e pelo Senado Federal. O CNJ é presidido pelo presidente do STF.

Tratemos, agora, da segunda circunstância. Definido o time de decisores em cada instância-alvo, o lobista pode ainda atuar, antes que se inicie o processo decisório propriamente dito, para atrair determinados decisores para suas causas específicas ou então para afastá-los delas. No âmbito do Poder Legislativo, em nível nacional ou subnacional, isso pode acontecer quando os lobistas atuam, de forma direta ou indireta, para apoiar ou se opor à escolha de legisladores para postos de importância, tais como as mesas diretoras das casas, as lideranças do governo e dos partidos, a presidência das comissões temáticas e a relatoria de projetos relevantes. No âmbito do Judiciário, isso pode acontecer, por exemplo, quando os lobistas procuram interferir na escolha dos relatores de suas causas em órgãos colegiados – para isso, podem contratar advogados próximos aos relatores indesejados, com o intuito de levá-los a alegar conflitos de interesse, declarar-se impedidos e a abandonar as causas para as quais, de outro modo, seriam designados.

Os lobistas podem realizar atividades semelhantes para tentar influenciar a escolha de decisores em alvos externos, nas duas circunstâncias mencionadas acima. A atuação lícita dos lobistas no plano externo depende da legislação de cada país ou das regras que regem a composição das instâncias decisórias supranacionais.

Uma vez escolhidos os tomadores de decisões, um novo momento se abre para a atuação dos lobistas. Esse segundo momento abrange as etapas que formam o processo decisório nas instâncias-alvo. Cada instância-alvo – tanto no plano interno quanto no plano externo – possui procedimentos próprios, mas pode-se dizer que o processo decisório é geralmente formado por três etapas: (1) a definição da agenda de decisão; (2) a formulação, o debate e a negociação de propostas referentes aos temas que figuram na agenda de decisão; e (3) a tomada de decisão.

Na etapa de definição da agenda, o objetivo dos lobistas é influenciar a escolha dos temas que serão focalizados pelos tomadores de decisão, seja promovendo os assuntos que beneficiariam os segmentos representados, seja afastando aqueles que os prejudicariam.[23] Para influenciar o conteúdo da agenda de decisão, os lobistas podem realizar diversas atividades, tais como:

1) Análise da situação atual do segmento representado ("olhar para dentro"), para identificar problemas e oportunidades existentes, bem como para discernir os interesses do segmento diante desses problemas e oportunidades. Essa análise pode basear a definição de estratégias para enfrentar os problemas e aproveitar as oportunidades – estratégias que podem envolver, entre outras medidas, o empenho pela inclusão ou exclusão de determinados temas da agenda do poder público.

2) Análise da conjuntura presente e prospecção de cenários futuros ("olhar para fora") – pelo ângulo econômico, político, social, e/ou por outros ângulos – para identificar temas que oferecem oportunidades e riscos para os interesses defendidos e que, portanto, devem ser incluídos ou afastados da agenda decisória.

3) Levantamento de possíveis aliados, ligados a outros segmentos sociais, mas que eventualmente podem comparti-

---

23 A discussão clássica sobre a atuação dos grupos de interesses para gerar não decisões encontra-se em Bachrach e Baratz (1962, 1963) e Lukes (1992).

lhar do mesmo interesse pela inclusão ou exclusão de determinados temas da agenda decisória. A ideia é que um pleito fica mais forte quando é defendido simultaneamente por um amplo leque de segmentos sociais.[24]

4) Iniciativas para dirigir a atenção dos decisores para temas desejados e afastá-la de temas indesejados. Tais iniciativas podem envolver contatos diretos com os decisores e também comunicações voltadas para formadores de opinião, em particular, ou para a opinião pública, em geral (e ainda, no caso dos decisores eleitos, para seu eleitorado específico), a fim de atingir os decisores de forma indireta. Essas iniciativas geralmente são precedidas pela realização de estudos e pela elaboração de documentos que procuram mostrar a importância ou a inconveniência do tema destacado.

Como vimos até aqui, as instâncias-alvo dos lobistas possuem uma agenda que eles procuram influenciar, incluindo temas desejáveis e excluindo temas indesejáveis. Uma vez definida essa agenda, outras etapas se abrem para o trabalho dos lobistas: a etapa de formulação, discussão e negociação de propostas referentes aos temas que figuram efetivamente na agenda decisória, seguida da etapa de tomada de decisão. O objetivo dos lobistas nessas etapas é aproximar o conteúdo das propostas e a decisão, tanto quanto possível, dos interesses do segmento representado. Para atingir esse objetivo, os lobistas podem empenhar-se em diferentes atividades, tais como:

---

24 Sobre a formação de coalizões para a defesa de interesses, ver os trabalhos muito influentes de Sabatier e Jenkins-Smith (1999) e Sabatier e Weible (2007).

Lobby e políticas públicas

1) Monitoramento de propostas existentes e acompanhamento de suas trajetórias, até o momento da tomada de decisão. Há casos em que muitas propostas diferentes são apresentadas para tratar de um mesmo tema da agenda decisória. Nesses casos, o lobista pode procurar identificar as propostas mais relevantes para os interesses defendidos e focalizar nelas sua atenção.

2) Análise técnica do conteúdo das propostas existentes e do provável impacto que elas exercerão sobre os interesses representados, caso sejam adotadas. Para essa análise, mobilizam-se técnicos (por exemplo: juristas, economistas, cientistas sociais, médicos, engenheiros, biólogos, entre outros) que focalizarão as propostas conforme suas áreas de especialização. Uma mesma proposta pode ser submetida simultaneamente à análise de vários técnicos, com especialidades diferentes. A análise técnica precisa ser dinâmica, pois não basta deter-se sobre as propostas originais. Cada vez que uma alteração é introduzida nas propostas existentes durante o processo de negociação, novas análises se impõem para avaliar o significado das mudanças à luz dos interesses defendidos. O resultado da análise técnica geralmente é apresentado em pareceres e outros tipos de publicações e documentos.

3) Análise do cenário político. Essa análise busca compreender a posição de atores relevantes diante das propostas existentes. Entre esses atores, podem figurar os tomadores de decisão, em particular; outros membros do poder público, em geral; lobistas de outros segmentos sociais afetados pelas mesmas propostas; partidos políticos; acadêmicos; a mídia e o eleitorado, entre outros.

4) Tomada de posição diante das propostas existentes. A posição tomada pode ser favorável, contrária ou neutra – com ou sem ressalvas. Assim como a análise técnica, também a tomada de posição precisa ser dinâmica, podendo ser modificada conforme alterações nas propostas existentes. Além disso, um lobista pode se opor a uma proposta em determinado momento e, no momento seguinte, passar a favorecê-la, ao perceber que alternativas piores poderiam ser adotadas. A situação inversa pode acontecer com uma proposta em relação à qual o lobista é, a princípio, favorável. No momento seguinte, o lobista pode deixar de apoiá-la, ao vislumbrar a possibilidade de uma alternativa ainda melhor. A mudança de posição, em qualquer sentido, pode ainda estar ligada ao surgimento de novas informações, ponderações e análises técnicas.

5) Comunicação da posição tomada. Após analisar o conteúdo das propostas existentes, perscrutar o cenário político em torno delas e definir a posição a ser defendida, o lobista pode divulgar e justificar a posição tomada diante de atores relevantes para o processo decisório – os mesmos atores que compõem o cenário político. Essa atividade exige do lobista um esforço de adaptar adequadamente a comunicação às características das diversas audiências focalizadas.

6) Busca de aliados em outros segmentos sociais. Do mesmo modo que o lobista pode procurar aliados para influir na definição da agenda, ele também pode buscar aliados e formar coalizões nas etapas de debate das propostas existentes e de tomada de decisão. A ideia, novamente, é fortalecer a posição defendida, mostrando que ela é compartilhada por outros interesses relevantes. Conforme afirmamos no início deste trabalho, a natureza das questões em jogo é um fator

que influencia a formação das coalizões e algumas de suas características essenciais, tais como composição e estabilidade.

7) Apresentação de demandas aos tomadores de decisões. Algumas vezes, o trabalho dos lobistas é erroneamente reduzido a essa atividade, exclusivamente. Quem incorre nesse equívoco pode tomar a parte pelo todo. Como procuramos mostrar, a apresentação de demandas aos decisores é a culminância do envolvimento dos lobistas com o processo decisório, para defender os interesses dos segmentos sociais que representam.

Quando os lobistas contatam os decisores para apresentar demandas e influenciar suas deliberações, a matéria-prima desse contato é a informação – especialmente, informação sobre as possíveis consequências de determinadas decisões. As fontes dessa informação são a análise técnica das propostas existentes e a análise política do cenário que envolve o processo decisório – atividades que foram abordadas acima.

As informações baseadas na análise técnica do conteúdo das propostas existentes procuram convencer os decisores a respeito de possíveis impactos das proposições sobre os segmentos sociais representados. Com base nessas informações, o lobista demandará, por um lado, a aprovação de propostas que alegadamente trarão consequências positivas para os interesses defendidos (e, eventualmente, argumentará também que a aprovação dessas propostas favorecerá outros interesses relevantes, ou pelo menos não os prejudicará). Por outro lado, o lobista demandará a rejeição – ou, pelo menos, a mitigação – de propostas que alegadamente trarão consequências negativas para os segmentos representados (e também, eventualmente, para outros interesses relevantes).

Já as informações baseadas na análise política procuram convencer os decisores sobre as possíveis reações dos segmentos representados, em caso de adoção das propostas em debate. O lobista demandará a aprovação das propostas que alegadamente gerarão reações positivas entre os interesses defendidos (e seus aliados) e a rejeição – ou alteração – das propostas que alegadamente provocarão reações negativas entre os segmentos representados (e seus aliados). Com base em informações geradas pela análise política, o lobista também pode oferecer aos decisores uma leitura da posição de outros atores relevantes diante das propostas existentes e procurar convencer os decisores de que o atendimento de suas demandas não provocará reações negativas em outros segmentos sociais politicamente significativos.

Há situações em que a apresentação de demandas dos lobistas aos decisores é reforçada pela oferta de estímulos, caso o decisor atenda à demanda apresentada, ou pela ameaça de sanções, caso o decisor não a atenda. A oferta de estímulos e a ameaça de sanções podem ser lícitas, quando envolvem, por exemplo, a concessão ou retirada de apoio político a futuras candidaturas, ou ilícita, quando envolve qualquer tipo de crime contra a administração pública.

Uma vez que o lobby é sinônimo de defesa de interesses de segmentos sociais, e que os decisores usualmente dispõem de informações limitadas a respeito das questões complexas sobre as quais precisam deliberar, sempre existe o risco de os lobistas lhes oferecerem informações parciais ou imprecisas. Todavia, há uma boa razão para os lobistas se esmerarem em apresentar informações equilibradas e corretas aos decisores, pois informações desse tipo proporcionam aos lobistas um valioso capital intangível – a reputação de objetividade e seriedade –, capital que pode ser empregado para reforçar as demandas apresentadas e aumentar as chances de tê-las atendidas.

Não existe um *script* predeterminado para a apresentação de demandas dos lobistas aos decisores. Há casos em que a apresentação de demandas é feita presencialmente, sem mediações. O contato presencial do lobista com os decisores pode ocorrer em situações formais ou informais. Entre as situações formais podemos citar, por exemplo, a participação do lobista em audiências ou consultas públicas, promovidas pelos tomadores de decisões, bem como a presença do lobista em organismos oficialmente envolvidos no processo decisório, tais como conselhos consultivos ou deliberativos, grupos executivos, comissões, grupos de trabalho etc. Entre as situações informais podemos citar encontros em almoços, jantares, festas, clubes e outras circunstâncias semelhantes.

Em outros casos, a apresentação das demandas é feita sem contato presencial. Uma das formas mais comuns de contato não presencial é fazê-lo por meio dos assessores dos tomadores de decisões. Embora esses assessores não tenham poder próprio de decisão, podem eventualmente exercer influência significativa na posição dos decisores com os quais trabalham. A apresentação de demandas sem contato presencial também ocorre quando os lobistas divulgam suas propostas por rádio, TV, jornais, revistas, *outdoors* ou outros meios de comunicação. Essas comunicações podem atingir os decisores de forma direta ou, então, de forma indireta – ao atingirem públicos em relação aos quais os decisores sejam particularmente sensíveis, tais como formadores de opinião (jornalistas, acadêmicos etc.), a opinião pública e o eleitorado. Outras formas de apresentar demandas sem contato presencial são o recurso a intermediários que dispõem de acesso mais fácil aos tomadores de decisões (pessoas famosas, amigos ou parentes dos decisores etc.) e a mobilização de cidadãos por meio de abaixo-assinados, petições públicas, campanhas de correspondências (por exemplo: cartas, telefonemas, *e-mails*), passeatas e protestos – entre outras técnicas de mobilização social conhecidas nos EUA por *grassroots lobbying*.

A tomada de decisão pelas instâncias-alvo não é a última ocasião que se abre à ação dos lobistas para que eles realizem seu trabalho de defesa de interesses. A atuação dos lobistas pode se estender ao momento que sucede o processo decisório principal.

Nesse momento, uma das formas de atuação abertas para os lobistas é o recurso judicial. A ideia aqui é buscar decisões judiciais que revertam outras decisões do poder público que são contestadas pelos lobistas sob a alegação de prejudicarem ilegalmente os interesses defendidos.

O recurso ao judiciário não é a única opção disponível para os lobistas nesse momento. Muitas vezes, uma decisão (por exemplo, uma norma jurídica) precisa ser acompanhada por outros atos destinados a operacionalizar sua execução (por exemplo, atos do Poder Executivo, tais como: decretos de regulamentação, instruções normativas, resoluções, entre outros). Esses atos podem envolver novas decisões, que são secundárias, porém necessárias para viabilizar a aplicação da decisão anterior e principal. É muito frequente o lobby durante a elaboração desses atos complementares, e nessa etapa os lobistas podem realizar as mesmas atividades que mencionamos ao tratarmos do momento decisório principal.

Outras vezes uma decisão (por exemplo, um programa do Poder Executivo), para ser implementada, exige a contratação de obras, serviços e compras, e essa contratação envolve, por sua vez, novas decisões a respeito da efetiva liberação de verbas, dos termos de editais de licitação, das propostas vencedoras dos certames etc. Essa é outra etapa em que pode haver ampla atuação dos lobistas, seja de forma lícita (por exemplo: participação em consultas públicas sobre editais de licitação), seja de forma ilícita (por exemplo: fraude de concorrências ou oferta de propinas para acelerar a liberação de verbas).

Além disso, a decisão tomada por uma instância-alvo pode ser submetida posteriormente a um processo de avaliação e, eventualmente, de substituição por novas decisões. Os lobistas podem atuar amplamente ao longo dessa etapa, mobilizando as mesmas técnicas de apresentação de demandas já citadas quando tratamos do momento decisório. Essa atuação pode ser orientada para manter ou aprimorar decisões benéficas aos interesses representados, bem como para revogar – ou, pelo menos, alterar – decisões contrárias àqueles interesses.

Em suma, diversos tipos de lobistas atuam diuturnamente para defender os interesses dos segmentos sociais que representam diante de decisores situados em diversas instâncias-alvo do poder público. Cada instância-alvo é regida por regras próprias que definem o modo de acesso a seus postos de decisão, bem como a sequência formal de seu processo decisório. Essas regras também estabelecem as oportunidades de atuação lícita que estão abertas para os lobistas, seja no momento de escolha dos decisores, seja ao longo do processo decisório propriamente dito, seja ainda nas etapas que eventualmente o sucedem e complementam. Em qualquer um desses momentos, a atuação dos lobistas pode ser "ofensiva", isto é, orientada para melhorar o *status quo*, na perspectiva dos segmentos defendidos, ou "defensiva", isto é, orientada para evitar a piora do *status quo* para os interesses representados. Nos diversos momentos abertos à atuação do lobby e nas etapas que os compõem, os lobistas podem buscar aliados que partilham seu interesse conjuntural, com vistas a formar coalizões que reforçarão suas demandas. O resultado efetivamente alcançado pelos lobistas é condicionado por um conjunto de fatores, para os quais voltaremos nossa atenção nas páginas seguintes. Importa ressaltar ainda que a atuação dos lobistas nem sempre respeita as regras que regem a composição e o funcionamento das instâncias decisórias. Quando esse desrespeito ocorre, tem origem o lobby ilícito, ponto que também receberá nossa atenção posteriormente.

Capítulo 5

A influência dos lobbies

Queremos agora avançar em nossa reflexão argumentando que, independentemente do segmento representado, do interesse defendido, do alvo visado, do momento e da forma de atuação escolhida, todos os lobistas se deparam com um mesmo desafio fundamental: o desafio de obter sucesso, ou seja, resultados convergentes com as posições que manifestam.

Muitos métodos diferentes poderiam ser propostos para mensurar o sucesso dos lobistas, nos diversos momentos em que sua atuação se desdobra. Focalizaremos aqui, no entanto, a mensuração do sucesso numa etapa específica e crucial do trabalho dos lobistas: a etapa da tomada de decisão. A nosso ver, uma vez tomada, toda decisão pública focalizada por um lobista pode ser classificada como sucesso ou insucesso, do ponto de vista desse ator. O sucesso consiste na convergência entre o teor da decisão e a posição do lobista. O insucesso, por sua vez, consiste na divergência entre o teor da decisão e a posição do lobista.[25]

Existem dois tipos "puros" de sucesso. O primeiro tipo envolve *ganho* e ocorre quando a decisão tomada melhora o *status quo*, exatamente como desejado pelo lobista. Em outras palavras, esse tipo de sucesso representa êxito do lobby ofensivo. Entretanto, nem todo sucesso consiste em obter ganhos. Um segundo tipo de sucesso envolve *alívio*, e ocorre quando há risco de piora do *status quo*, conforme a visão do lobista, mas a decisão tomada o mantém, afastando o risco. Esse tipo de sucesso corresponde a êxito do lobby defensivo.

Há, também, dois tipos "puros" de insucesso. O primeiro resulta em *perda* e acontece quando a decisão tomada piora o *status quo*, exatamente como o lobista repudiava. Trata-se, assim, de fracasso do lobby defensivo. O segundo tipo de insucesso resulta em *frustração*, e acontece quando há uma oportunidade de melhora do *status quo*, mas essa oportunidade é perdida. A frustração representa malogro do lobby ofensivo.

Muitas vezes, no entanto, o sucesso ou insucesso do lobby, seja ele ofensivo ou defensivo, não é uma questão de tudo ou nada. Para o lobista, o resultado do processo decisório, com muita frequência, é um resultado misto. Nesse sentido, há decisões miradas pelo lobby ofensivo que melhoram o *status quo* em alguma medida, mas não contemplam integralmente a posição do lobista. Esses casos podem ser classificados como *ganhos parciais*. Por outro lado, há decisões focalizadas pelo lobby defensivo que pioram o *status quo*, mas o pioram com

---

25 A discussão deste parágrafo, e dos próximos três, é baseada no capítulo 3 de Mancuso (2007).

menos intensidade do que se temia inicialmente. Essas decisões podem ser classificadas como *perdas parciais*.

É provável que o lobby defensivo, orientado para evitar perdas, tenha maior chance de sucesso que o lobby ofensivo, orientado para obter ganhos, quando (1) estão sob análise propostas cuja adoção exige aprovação sequencial em múltiplos pontos de decisão (por exemplo: decisões que precisam ser ratificadas pelo Legislativo, pelo Executivo e, eventualmente, pelo Judiciário, ou decisões multilaterais que precisam ser ratificadas pelos parlamentos nacionais) e (2) esses pontos de decisão não são ocupados por decisores politicamente alinhados, o que os transforma em potenciais pontos de veto. Em cenários como esses, a alteração do *status quo* é um processo extremamente exigente, que envolve avanço da proposta por meio de uma sequência de decisões favoráveis, a serem tomadas por decisores não alinhados *a priori*, ao passo que a conservação do *status quo* depende apenas da exclusão da proposta da agenda de um único ponto de decisão ou então de um veto à proposta em um único ponto de decisão. Em outras palavras, cenários como esses favorecem o lobby defensivo porque possuem um viés favorável à manutenção do *status quo*.[26]

Vimos anteriormente que o sucesso ou insucesso do lobby, tanto ofensivo quanto defensivo, muitas vezes não é uma questão de "tudo ou nada". Do mesmo modo, nem sempre é uma questão de "uma vez por todas". No dinâmico universo da política, as vitórias e as derrotas muitas vezes são fugazes. Isso significa dizer que, frequentemente, o sucesso ou insucesso do lobby é apenas *temporário*. Nem sempre é possível

---

26 A discussão deste parágrafo é baseada em Immergut (1993).

manter resultados favoráveis anteriormente conquistados, assim como nem sempre é impossível reverter situações desfavoráveis anteriormente impingidas aos segmentos defendidos. Nos termos usados nos parágrafos anteriores, alívios e ganhos (totais ou parciais) podem evanescer, assim como frustrações e perdas (totais ou parciais) podem ser superadas. Por essa razão, o desafio de obter sucesso é um desafio contínuo para os lobistas que defendem interesses de segmentos sociais ao longo de processos decisórios públicos.

Neste livro, temos trabalhado com a ideia de que o lobista vocaliza posições que correspondem fielmente aos interesses dos segmentos representados. Todavia, a crítica de que nem sempre a posição vocalizada pelo lobista realmente corresponde ao interesse genuíno do segmento representado poderia ser levantada contra o método de mensuração do sucesso do lobby, apresentado acima. Por exemplo, uma decisão poderia ser classificada erroneamente como sucesso quando seu resultado contemplasse a posição do lobista, total ou parcialmente, mas essa posição divergisse do interesse genuíno do segmento representado. O descompasso entre posição vocalizada e interesse genuíno pode ser intencional – por exemplo, quando o lobista adapta a preferência defendida ao resultado que espera ocorrer, ou então quando o lobista deturpa a preferência defendida, tendo em vista vantagens pessoais –, bem como pode ser não intencional – quando o lobista tem dificuldades reais para identificar o interesse genuíno do segmento representado em relação a uma questão. De qualquer modo, usando o jargão da estatística, um analista poderia cometer aqui o *erro tipo I*, qual seja, o erro de rejeitar a hipótese nula quando ela é verdadeira – no caso, a hipótese de que o lobby não é eficaz à luz do interesse genuíno do segmento representado. Outra decisão poderia ser classificada equivocadamente como insucesso quando seu resultado não contempla a posição do lobista, mas essa posição vocalizada se distancia do interesse genuíno dos representados – algo que pode acontecer, por exemplo, quando o lobista intencionalmente exagera ou distorce as preferências do segmento representado como estratégia de negociação ou quando o lobista involuntariamente se engana na identificação dos interesses dos segmentos defendidos. Usando novamente o jargão da estatística, um analista poderia cometer agora o *erro tipo II*, qual seja, o erro de aceitar a hipótese nula (o lobby não é eficaz) quando ela é falsa. Como lidar, então, com essa crítica? Assumimos, diante dela, uma postura pragmática. Não excluímos *a priori* a possibilidade de que, em alguns casos, seja possível apontar descompassos entre a posição vocalizada pelo lobista e a preferência genuína de seu segmento. Mas entendemos que a existência desse eventual descompasso não invalida nossa ideia básica nesse ponto do trabalho, qual seja, a ideia de que é possível mensurar o nível de sucesso do lobby. Assim, quando o analista não vir razões para apontar tal descompasso, poderá medir o grau de sucesso do lobby cotejando a posição efetivamente vocalizada e o resultado decisório. Quando houver razões para suspeitar do descompasso, poderá trabalhar com classificações paralelas: uma levando em conta os interesses vocalizados pelo lobista, e outra levando em conta os interesses genuínos do segmento representado, interesses que o analista julga conhecer.

O desafio de obter sucesso é fundamental para os lobistas e seu trabalho pode afetar o resultado do processo decisório. Todavia, se é verdade que o lobby pode ser relevante para o resultado decisório, também é verdade que esse resultado nem sempre depende exclusivamente do lobby. Queremos então, a partir de agora, apontar e discutir um conjunto de fatores que podem – ao lado do lobby – afetar o resultado decisório. Queremos argumentar também que o lobby pode interagir com os demais fatores potencialmente relevantes para o resultado decisório, afetando-os e sendo afetado por eles. Destacaremos três fatores. O primeiro é o perfil do decisor. O segundo é o tipo de decisão que está em pauta. O terceiro é o contexto decisório. Não se trata de uma lista que exaure as demais variáveis intervenientes no resultado decisório; trata-se de uma lista cujo propósito é ilustrar elementos que podem impactar esse resultado. O lobby pode ser um desses elementos, mas nem sempre é o único elemento que importa, ou o elemento que mais importa.

Além do lobby, outro fator relevante para o resultado decisório é o perfil do decisor. Esse perfil é composto por um conjunto de características subjetivas do tomador de decisão, tais como valores, preferências, ideologias, visões de mundo, convicções, opiniões e crenças. O perfil do decisor pode torná-lo mais ou menos receptivo aos lobbies específicos dos diversos segmentos sociais. Justamente por isso, muitas vezes o trabalho dos lobistas é antecedido por um estudo cuidadoso do perfil do decisor. Esse estudo pode aumentar suas chances de êxito, ajudando-os tanto a formular suas demandas de modo mais compatível com o perfil do decisor quanto a privilegiar, quando possível, o contato com decisores cujo perfil seja mais próximo dos interesses que defendem.[27]

---

27 Santos et al. (2017) mostram que a maioria dos lobistas registrados junto à Primeira Secretaria da Câmara dos Deputados para acompanhar o trabalho legislativo daquela casa prefere concentrar esforços sobre parlamentares alinhados, em vez de atuar junto a parlamentares de posição desconhecida, indiferente ou contrária.

Sendo assim, um grave equívoco a ser evitado pelos estudiosos do lobby é tomar o decisor como *tabula rasa*, ou como uma folha de papel em branco na qual os lobistas podem escrever o que quiserem. Cada decisor possui um perfil próprio, e esse perfil importa muito na hora de decidir.

Para relativizar ainda mais a imagem do decisor vulnerável, inevitavelmente submetido ao domínio de lobistas onipotentes, é oportuno lembrar que não há razão para supor que a relação entre os lobistas e o decisor seja sempre uma relação de mão única. Há muitos casos em que essa relação é de mão dupla. Nesses casos, assim como os lobistas podem afetar a posição do decisor, este também pode afetar a posição dos lobistas, por meio de suas ponderações. Assim, a interação entre os dois polos pode abrir espaço para a barganha e para a mútua persuasão. Também há casos em que o polo dominante da relação é ocupado pelo decisor. Nesses casos, o decisor pode atuar com grande ou total autonomia em relação aos lobistas.

Portanto é possível concluir que, em contextos democráticos, as decisões que afetam os interesses de segmentos sociais representados por lobistas proporcionam oportunidades de interação entre estes e os decisores. Do ponto de vista dos decisores, a relação que se constitui entre os dois polos pode ser situada em um dos inúmeros pontos compreendidos pelo *continuum* que vai da completa captura à total autonomia. A posição de cada relação nesse *continuum* somente pode ser esclarecida mediante investigações empíricas. Mas, exceção feita ao caso extremo em que o decisor se encontra completamente capturado pelo lobby, em todos os casos restantes é inadequado focalizar exclusivamente o lado da "demanda", ou seja, as atividades dos lobistas, e negligenciar o lado da "oferta", tomando-se o decisor como um ator passivo, que apenas responde mecanicamente às pressões recebidas.

Tendo tratado do perfil do decisor, passemos agora para o tipo de decisão – outro fator que pode influenciar o resultado decisório. Uma decisão mobiliza lobbies ao proporcionar benefícios e/ou impor custos a segmentos sociais.[28] Ao proporcionar benefícios para um segmento social, a decisão tende a despertar o lobby favorável desse segmento ou de seus defensores. Ao impor custos a segmentos sociais, a decisão tende a despertar o lobby contrário do segmento prejudicado ou de seus defensores. Os lobbies constituídos em favor de uma decisão, ou contra ela, podem variar quanto à intensidade, ao equilíbrio e ao grau de conflito. Um lobby tende a ser intenso quando o segmento afetado ou seus defensores consideram significativos os benefícios e custos ocasionados pela decisão e quando esses atores possuem recursos e disposição para utilizá-los nas diversas atividades que podem ser realizadas ao longo dos diferentes momentos abertos ao trabalho de defesa de interesses. Os lobbies são equilibrados quando é equânime o volume de defesa de interesses realizada pelos segmentos sociais ou seus defensores situados nos diversos lados de uma decisão. Por fim, a relação entre os lobbies é conflituosa quando os lobbies situados em lados opostos de uma decisão são, simultaneamente, intensos e equilibrados, o que ocasiona grande embate entre eles.

O tipo de decisão que está em pauta pode afetar a intensidade, o equilíbrio e o conflito dos lobbies. Ao fazer isso, o tipo de decisão pode moldar o contexto decisório, favorecen-

---

28   Os benefícios e os custos podem ser efetivos, caso a decisão já tenha sido implementada, ou esperados, caso a decisão ainda esteja em debate.

Lobby e políticas públicas

do ou dificultando o sucesso dos lobistas, conforme o caso. Ilustraremos essa ideia tratando de quatro tipos de decisão.[29]

O primeiro tipo de decisão é aquele que desperta lobby intenso de beneficiários ou de seus defensores, mas não desperta o lobby dos pagadores. Esse tipo de decisão gera um contexto decisório marcado por desequilíbrio entre os lobbies (nesse caso, com mais lobbies de beneficiários) e pouco conflito. Isso usualmente ocorre quando uma decisão concentra benefícios em segmentos sociais específicos e dispersa seu custo por segmentos sociais amplos. Em decisões desse tipo, o benefício muitas vezes supera o custo de mobilização dos beneficiários em defesa da decisão – o que favorece a existência de lobby pró-decisão.[30] Por outro lado, muitas vezes o custo imposto aos pagadores se dá a uma pequena taxa *per capita*, sendo inferior ao custo de mobilização contrária à decisão – o que desfavorece a existência de lobbies operantes nesse sentido.[31] Um exemplo desse tipo de decisão é a concessão de benefícios tributários a um setor específico do empresariado (por exemplo, fabricantes de automóveis), à

---

29 A discussão a seguir é inspirada no trabalho dos cientistas políticos Theodore Lowi (1964) e James Q. Wilson (1980), e do economista Mancur Olson (1999).

30 Tanto aqui quanto nos outros tipos de decisão discutidos a seguir, deve-se registrar, como ensina Olson (1999), que mesmo nos cenários mais favoráveis o lobby pode não existir, ou então ocorrer em nível inferior ao esperado, quando os envolvidos estão expostos ao típico problema de ação coletiva conhecido como "carona", que ocorre quando atores, mesmo considerando desejável a obtenção de um benefício coletivo, não se dispõem a colaborar para ela, pois esperam que outros o façam, para assim usufruírem vantagens sem ter de gastar nada.

31 Nesse tipo de decisão, esta tende a ser a relação mais típica entre (1) os custos e benefícios da *policy* para pagadores e recebedores e (2) os custos de mobilização para esses mesmos segmentos. Todavia, mesmo nesse tipo de decisão, podem ocorrer situações diferentes, em que o benefício da *policy* para os recebedores seja igual ou inferior ao custo de mobilização e/ou o custo da *policy* para os pagadores seja igual ou superior ao custo de mobilização. Em tais situações, o contexto decisório tende a ser diferente do contexto descrito a seguir no que se refere à mobilização dos lobbies. Para todos os tipos de decisão focalizados a seguir neste trabalho, destacaremos no texto apenas a situação mais típica, e o alerta feito aqui para possíveis situações desviantes – e suas consequências esperadas, no que se refere aos contextos decisórios – serve também para os demais casos, com as devidas adaptações.

custa de pequena elevação da carga tributária do restante da sociedade. O conflito em torno da decisão pode emergir, no entanto, caso os interesses dos pagadores venham a ser organizados ou vocalizados por algum ator que assuma a defesa dos interesses difusos (atores tais como o Ministério Público ou a mídia, entre outros).

O tipo oposto de decisão desperta lobby intenso de pagadores, mas não mobiliza os beneficiários. Esse tipo de decisão também favorece um contexto decisório pouco conflituoso e desequilibrado (dessa vez, com mais lobbies de pagadores). Isso geralmente ocorre quando a decisão distribui benefícios para amplos segmentos sociais, mas concentra o custo em segmentos sociais específicos. Nesse caso, muitas vezes o benefício proporcionado aos recebedores é inferior ao custo de mobilização – desfavorecendo, portanto, o lobby pró- -decisão.[32] De outro lado, muitas vezes o custo imposto aos pagadores supera o custo de mobilização contrária à decisão – favorecendo, assim, a existência de lobby antidecisão dos pagadores. Um exemplo é a decisão que obriga setores empresariais (por exemplo, fabricantes de agrotóxicos) a cuidarem do descarte correto da embalagem de seus produtos. Todos ganham com um meio ambiente mais limpo, mas nem sempre o benefício percebido pelos indivíduos é capaz de mobilizá-los em favor de uma decisão como essa. Já os fabricantes, sobre quem recai parte significativa dos custos da logística reversa, têm mais incentivo para fazer lobby para combater a medida, ou ao menos para minorar o ônus que lhes é imposto. À primeira vista, decisões desse tipo deve-

---

32 A constituição de lobbies favoráveis à decisão também pode ser dificultada por outras razões, por exemplo, quando o custo da mobilização é simplesmente proibitivo ou supera o custo de obter utilidade equivalente por outra via que não o lobby junto ao poder público.

riam ser escassas, porque há lobbies favoráveis à preservação do *status quo* e não há lobbies atuantes em sentido contrário. Entretanto, *eppur si muove*, e decisões desse tipo eventualmente são tomadas. Esse resultado é favorecido, a despeito de intensos lobbies contrários, quando os interesses dos potenciais beneficiários são abraçados por poderosos defensores de interesses difusos (novamente, atores tais como chefes do Executivo, parlamentares, o Ministério Público, a mídia, igrejas, entre outros).

Outro tipo de decisão favorece um contexto decisório pouco conflituoso e equilibrado – sem lobbies intensos em ambos os lados da questão. Isso pode ocorrer quando a decisão distribui custos e benefícios para segmentos sociais amplos e quando tais custos e benefícios são superados pelo custo de mobilização de pagadores e recebedores. A ausência de lobbies pode dificultar a inclusão de questões desse tipo na agenda governamental e o bom debate em torno delas. Por exemplo, muitos poderiam se beneficiar da construção de mais bens públicos, como bibliotecas, o que certamente envolveria um custo para os contribuintes, mas não se observa muita mobilização nem a favor, nem contra um tipo de gasto como esse. Sendo assim, por mais defensáveis que sejam, propostas desse tipo podem ter dificuldade de ser apresentadas e aprovadas, a não ser, novamente, que porta-vozes de interesses difusos as promovam.

Finalmente, há decisões que geram um contexto decisório muito conflituoso e bastante equilibrado, com lobbies ativos dos dois lados da questão. Isso tende a acontecer com as decisões que concentram custos e benefícios em segmentos sociais específicos e bem definidos, e esses custos e benefícios superam o custo de mobilização de pagadores e recebedores. É o caso, por exemplo, da decisão sobre neutralidade da rede, que coloca de um lado os provedores de acesso e, de outro lado, os criadores de aplicativos (Enomoto, 2017). Ou a decisão sobre a legalidade de aplicativos de transporte individual, que coloca, de um lado, os desenvolvedores desses aplicativos e seus motoristas e, do outro lado, os taxistas.

Ao destacarmos a importância do tipo de decisão que está em pauta, quisemos destacar que esse fator também pode impactar o resultado decisório ao influenciar a intensidade, o equilíbrio e o conflito dos lobbies mobilizados e, por conseguinte, o contexto em que o decisor deve agir. Os dois primeiros casos analisados tendem a gerar contextos decisórios desequilibrados e com baixo grau de conflito. *Ceteris paribus*, tais casos são mais favoráveis ao sucesso dos lobbies – sobretudo se nenhum ator relevante atuar em defesa dos interesses difusos. Por outro lado, o caminho do sucesso tende a ser mais difícil e sinuoso tanto nos casos que induzem equilíbrio pela escassez de lobbies ativos nos diversos lados da questão, assim gerando "inércia", quanto nos casos que induzem equilíbrio pela razão oposta, isto é, por despertar o conflito entre lobbies intensos dos lados diferentes da questão, assim gerando "impasse".

Neste ponto, uma observação adicional é importante. Até aqui, vimos que o tipo de decisão pode influenciar a intensidade, o equilíbrio e o conflito dos lobbies, afetando assim o contexto e o resultado decisórios. Todavia é importante considerar também que os lobbies podem influenciar o enquadramento das questões submetidas à decisão do poder público.[33] De fato, nem sempre é estática a percepção dos custos

---

33 Bons trabalhos sobre enquadramento ou *framing* de questões de políticas públicas pelos lobbies são Ingram, Schneider e DeLeon (2007), Börang et al. (2014) e Klüver e Mahoney (2015).

e benefícios ocasionados por uma decisão pública, bem como a percepção do custo de mobilização em torno dela. A atuação dos lobbies pode ser orientada justamente para afetar a percepção dessas variáveis pelos segmentos sociais atingidos pela decisão.[34] Assim, os lobbies podem alterar o nível de conflito existente em torno de decisões do primeiro tipo (por exemplo: convencendo os pagadores a atribuir um custo maior à decisão ou um custo menor à mobilização contra ela); do segundo tipo (convencendo os recebedores a atribuir um benefício maior à decisão ou um custo menor à mobilização em favor dela); ou do terceiro e quarto tipos (alterando o custo e o benefício atribuído por pagadores e recebedores à decisão ou à mobilização em torno dela). Em outras palavras, a observação adicional é que os lobbies não apenas são afetados pelos tipos de decisão que estão na pauta do poder público, mas podem também afetá-los.

Como vimos, o tipo de decisão pode afetar o contexto decisório – isto é, as circunstâncias que envolvem a tomada de decisão e que podem influir em seu resultado. Mas o contexto decisório também pode ser moldado por muitos outros elementos. Um dos elementos que marcam o contexto decisório – pelo menos o contexto decisório democrático – é a variedade das fontes de informação. Já tratamos anteriormente dos lobistas como fontes de informação para o decisor. Mas é importante frisar que o decisor, ao produzir suas decisões, muitas vezes dispõe de outras fontes de informação. Além da informação eventualmente provida por lobistas, o decisor frequentemente pode contar com informações geradas por

---

34 Terry Moe (1988) mostra como promotores de ações coletivas podem afetar a percepção de seus públicos-alvo sobre os custos e benefícios daquelas ações.

outras fontes externas, tais como a mídia, órgãos de pesquisa do poder público e especialistas ligados a instituições acadêmicas, bem como com informações produzidas por fontes internas, isto é, funcionários de seu próprio órgão de trabalho, tais como assessores, consultores, trabalhadores de arquivos e centros de informação e documentação, entre outros. As informações divulgadas pelos lobistas podem afetar as informações das outras fontes, externas ou internas, e podem também ser afetadas por elas. Mas a voz dos lobistas geralmente não é a única voz que se faz ouvir ao longo do processo decisório. Em última instância, é o perfil do decisor que determina o modo pelo qual ele processa as informações recebidas das múltiplas fontes, para finalmente definir sua posição.

Outro elemento importante do contexto decisório é o ambiente institucional e político em que a decisão é tomada. Já destacamos que as instâncias-alvo do lobby têm regras próprias de composição e funcionamento. Isso significa dizer que o processo decisório, nas diversas instâncias-alvo, é estruturado por instituições, isto é, por regras que o organizam e que determinam, entre outras coisas, o rito de tomada de decisão, o nível de transparência e de visibilidade pública das decisões, o espaço permitido à intervenção dos lobistas etc. Ao produzir suas decisões, o decisor é constrangido por essas regras. Em certa medida, algumas regras decisórias são passíveis de interpretações, e os lobbies podem pressionar o decisor a interpretá-las de modo que lhes seja favorável. Apesar disso, o ambiente institucional da instância-alvo ajuda a formar o contexto decisório e é um elemento respeitado pelo lobby lícito.

É relevante acrescentar que, além do constrangimento institucional, o decisor muitas vezes opera sob constrangimentos políticos e eleitorais. Por exemplo, o decisor eleito, ao definir sua posição diante de um tema, pode levar em conta as preferências de suas bases eleitorais. Noutro exemplo, as preferências de lideranças partidárias podem ser levadas em conta tanto pelo decisor eleito quanto por um decisor nomeado e exonerável. Todos os decisores – até mesmo os concursados e os nomeados não exoneráveis – podem levar em conta as tendências da opinião pública sobre determinado assunto, ou a posição dos outros decisores situados a montante ou a jusante da sequência decisória. As preferências das lideranças partidárias, do eleitorado, da opinião pública e de outros decisores não são invulneráveis à ação dos lobistas, mas nem sempre são ditadas por eles. Desse modo, constrangimentos políticos e eleitorais alheios aos lobbies também podem pesar na tomada de decisão.

Circunstâncias econômicas, socioculturais e históricas também podem impactar o contexto e o resultado decisórios. Quanto às circunstâncias econômicas, um cenário de crescimento pode favorecer o pleito de lobbies que visam à conquista ou preservação de benefícios materiais para segmentos sociais específicos. Por outro lado, tempos de crise econômica e de corte de gastos públicos podem ter efeito contrário, além de robustecer o lobby por causas mais restritivas, tais como déficit zero, equilíbrio fiscal ou causas correlatas. As circunstâncias socioculturais que envolvem a tomada de decisão também importam. Um decisor tende a fazer escolhas mais criteriosas quando seu comportamento é monitorado atentamente por cidadãos vigilantes e bem informados sobre os temas da agenda pública. Um contexto como esse favorece lobbies compatíveis com o interesse público. Tendem igualmente a ser favorecidos os lobbies cujas demandas sejam mais compatíveis com as ideias, percepções, crenças, atitudes e valores prevalecentes em determinada sociedade. Por fim, o contexto decisório é moldado por circunstâncias históricas. As escolhas atuais dos decisores em qualquer campo setorial de atuação geralmente não partem do zero, sendo antes condicionadas pela trajetória histórica desse campo, trajetória que define sua configuração quanto às instituições e interesses prevalecentes. A trajetória histórica específica dos diferentes campos setoriais de atuação e o legado que ela produz podem facilitar ou dificultar o sucesso dos lobbies neles atuantes.[35] Destacamos até aqui, neste parágrafo, os efeitos que as circunstâncias econômicas, socioculturais e históricas podem exercer sobre a eficácia dos lobbies. Mas é importante registrar também os efeitos que a atuação dos lobbies pode exercer sobre essas circunstâncias, pois que podem promover ou prejudicar o crescimento econômico de uma sociedade (Olson, 1982), influenciar as condições socioculturais dos cidadãos (Smith, 2000) e impactar a trajetória histórica adotada pelos campos de atuação dos decisores (Pierson 2006).

Nos parágrafos anteriores apontamos um conjunto de elementos que envolvem a tomada de decisão, moldam o contexto decisório e podem influir no resultado final. Nosso propósito aqui não é apresentar uma lista completa desses elementos. Em vez disso, nosso objetivo é fundamentar o argumento geral que estamos defendendo: toda decisão política decorre de um cálculo do decisor, cálculo em que podem entrar diversos fatores. Os lobbies podem ser fatores importantes no cálculo do decisor, bem como interagir com outros

---

35   Sobre a questão da dependência da trajetória, ou *path dependence*, ver Pierson (2004) e Mahoney e Schensul (2006).

fatores relevantes, mas não são o único fator que importa e nem sempre são o fator que mais importa.

Dissemos há algumas páginas que é possível medir o sucesso do lobby. À luz da discussão anterior sobre os fatores que podem afetar o resultado decisório, é possível acrescentar que medir o sucesso do lobby não corresponde, necessariamente, a medir sua influência. De fato, o sucesso do lobby pode ser medido pela convergência entre as posições defendidas e os resultados decisórios. Entretanto, mostrar que um lobby obteve sucesso não é a mesma coisa que demonstrar que esse sucesso ocorreu por causa da influência do lobby. O método de mensuração do sucesso não autoriza o raciocínio contrafatual de que o sucesso não teria ocorrido na ausência do lobby. Sucesso pressupõe convergência, ao passo que influência pressupõe convergência e causalidade. Afirmar que um lobby influenciou uma decisão envolve afirmar que esse lobby – e não quaisquer outros fatores – causou a convergência, total ou parcial, entre as demandas e o resultado. Em outras palavras, envolve afirmar que a decisão não teria acontecido – ou seria diferente – caso o lobby não tivesse atuado.[36]

Portanto, a dificuldade principal na mensuração da influência do lobby é a produção de evidências sólidas sobre o fenômeno de interesse. Que indicadores utilizar? Quanto de uma decisão pode ser atribuído inequivocamente ao lobby? Como vimos, é difícil dimensionar o efeito exclusivo do lobby, de forma inequívoca, porque toda decisão culmina em um pro-

---

36   Este e os próximos cinco parágrafos são baseados no capítulo 3 de Mancuso (2007). O tema da influência é caro à literatura nacional e internacional sobre grupos de interesse. Na literatura nacional, ver Santos (2011). Na internacional, discussões mais recentes podem ser encontradas em Przeworski (2011), Bernhagen (2012), Hertel-Fernandez (2014), Binderkrantz, Christiansen e Pedersen (2014) e Rasmussen (2015).

cesso em que podem estar envolvidos numerosos fatores relevantes, que interagem de forma complexa.

Dois tipos de indicadores têm sido utilizados para enfrentar essa dificuldade: indicadores baseados em impressões ou em resultados. No caso dos indicadores baseados em impressões, três fontes podem ser consultadas: a impressão dos lobistas a respeito de sua própria influência, a impressão dos decisores a respeito da influência dos lobbies e a impressão de observadores externos, familiarizados com o assunto em questão, a respeito da influência dos lobbies. Nesse caso, o papel do investigador é levantar e relatar a avaliação de influência feita por outros indivíduos. Todavia, essas três fontes de informação possuem limitações importantes. Uma limitação é comum às três fontes: lobistas, decisores e observadores diferentes podem adotar critérios diferentes de avaliação da influência, e a falta de critérios padronizados de avaliação dificulta conclusões objetivas acerca da influência dos lobbies. Ou seja, na ausência de critérios padronizados, diferentes lobistas, decisores e observadores podem chegar a conclusões divergentes acerca da influência do lobby em um mesmo caso específico. Além dessa limitação comum, as fontes possuem limitações próprias. Quanto aos lobistas, eles podem ser incapazes de mostrar que a decisão não ocorreria – ou seria diferente – caso não tivessem agido. Os lobistas também podem superestimar a avaliação da própria influência, para valorizar seu trabalho, ou então subestimá-la estrategicamente, para justificar demandas de atenção contínua para os segmentos representados. Quanto aos decisores, eles podem ter dificuldade de discernir – ou admitir – a importância relativa dos fatores aos quais se deve sua decisão. Adicionalmente, os decisores podem subestimar a influência dos lobbies para transmitir uma imagem irreal de autonomia e invulnerabilidade ou então superestimá-la para transmitir uma falsa ideia de solicitude. Finalmente, quanto aos observadores externos, eles podem ser incapazes de provar que a decisão não aconteceria – ou seria diferente – caso os lobbies não tivessem atuado. Além disso, em vez de basear suas avaliações em fatos concretos, podem baseá-las em evidências indiretas, tais como opiniões de terceiros.

Já no caso dos indicadores baseados em resultados, o papel do investigador não consiste em relatar impressões de terceiros, mas em cotejar a demanda do lobby e o resultado do processo decisório, para verificar se o resultado espelha efetivamente o que o lobby solicitou. Para alguns adeptos desses indicadores, apontar a convergência entre demandas e resultados já é suficiente para indicar influência – na terminologia adotada neste livro, o *score* de influência do lobby corresponderia exatamente ao *score* de sucesso. Persiste, no entanto, a falta de evidências de que o lobby é a causa do resultado observado. Cientes dessa limitação, outros usuários desses indicadores consideram indispensável reconstituir minuciosamente o processo decisório para poderem identificar todos os elementos relevantes no processo e poderem concluir, de forma inequívoca, que a convergência entre a demanda do lobby e o resultado da decisão realmente se deve à influência do lobby e não a qualquer outro motivo. A limitação desse método é que nem sempre os investigadores conseguem levantar informações suficientemente detalhadas a respeito dos meandros dos processos decisórios.

Há quem procure contornar as limitações próprias de cada indicador de influência utilizando, simultaneamente, indicadores diversos. Se as informações oferecidas por indicadores diferentes apontarem na mesma direção, então o investigador terá evidências mais sólidas acerca da influência do lobby. Entretanto, se as informações apontarem em direções divergentes, então o investigador deparar-se-á com o duplo problema de explicar as razões do desacordo e decidir-se pelo indicador mais confiável.

Em síntese, os lobbies buscam o sucesso nos diferentes momentos em que sua atuação se desdobra – ou seja, em cada momento em que atuam, buscam a convergência dos resultados com as posições que defendem. O lobby é um dos elementos que podem afetar os resultados, mas não é o único: o perfil do decisor, o tipo de decisão e o contexto decisório também são elementos potencialmente relevantes, entre outros. É possível mensurar o nível de sucesso dos lobbies pelo nível de convergência entre suas posições e os resultados decisórios, mas é mais difícil encontrar uma métrica incontroversa da influência que eles exercem. Encontrar indicadores adequados de influência dos lobbies persiste como desafio à criatividade dos investigadores de nosso campo de estudos.

Capítulo 6

Lobbies: contribuições e problemas

Como ficou claro até agora, lobby significa ação em defesa de interesses afetados por decisões públicas. Em nosso entendimento, "lobby" é uma palavra neutra do ponto de vista valorativo, pois a definição do conceito não estabelece, *a priori*, que a defesa de interesses seja feita de modo lícito ou ilícito.

Muitas vezes, no entanto, o lobby é associado exclusivamente à defesa ilícita de interesses. Segundo essa visão, o lobby sempre toma a forma de práticas proibidas pelas leis vigentes. Escândalos diariamente denunciados pela mídia mostram que, de fato, a interação de lobistas e decisores pode degenerar-se em crimes contra a administração pública — tais como corrupção ativa; tráfico de influência; fraude de concorrência para contratação de obras, serviços e compras, entre outros. É óbvio que o lobby ilícito acarreta uma série de problemas relevantes. Cada um a seu modo, tanto a mídia quanto a sociedade civil e os órgãos públicos, tais como a Polícia Federal, o Ministério Público, o Poder Judiciário, os tribunais de contas e as corregedorias, entre outros, têm um papel importante para coibir o lobby ilícito, garantir a punição dos culpados e assim salvaguardar o interesse público.

Entretanto, ao praticamente identificar o lobby com práticas ilícitas, a mídia contribuiu, em grande medida, para o predomínio de uma visão negativa da atividade. Nas denúncias da mídia, os lobistas geralmente são apresentados como indivíduos que buscam vantagens indevidas junto ao poder público, recorrendo para isso a ameaças ou à oferta de recompensas ilegais. A figura arquetípica do lobista passou a ser a do indivíduo que atua de forma obscura e dissimulada, procurando acesso privilegiado aos tomadores de decisão, sempre disposto a entrar em negociatas com agentes públicos capazes de ajudá-lo na obtenção de seus objetivos. A atribuição de um estigma ao lobby não é particularidade do caso brasileiro. Algo semelhante ocorreu, por exemplo, nos Estados Unidos. Mesmo depois de décadas de profissionalização do lobby naquele país, algo do estigma ainda persiste por lá – veja-se, por exemplo, o famoso filme *Obrigado por fumar*.

Os lobistas não ignoram a percepção social predominantemente negativa de sua atividade. Em função do estigma que atinge a prática do lobby, causando compreensível desconforto em quem atua na área, muitos lobistas preferem identificar-se como profissionais de relações governamentais; representação institucional; consultoria, análise e assessoria política; advocacia corporativa, entre outras denominações.

Fiéis ao significado literal valorativamente neutro da palavra "lobby", adotamos, neste livro, uma concepção não maniqueísta da atividade. Entendemos que o lobby não é lícito ou ilícito por natureza ou definição, e que uma visão maniqueísta atrapalha o aprofundamento da análise sobre a prática. Do mesmo modo que existe o lobby ilícito, também pode existir o lobby lícito – algo que os porta-vozes dos profissionais da área se apressam em destacar. Em outras palavras, entendemos que, assim como seria inadequado ignorar a relação existente entre lobby e práticas ilegais, associá-lo exclusivamente à defesa ilícita de interesses levaria ao desprezo das contribuições positivas que pode proporcionar.

Direitos expressos no art. 5º da Constituição brasileira asseguram ao lobby lícito compatibilidade com o ordenamento jurídico do estado democrático de direito, alicerçado no pluralismo político. Entre eles, podemos citar os direitos à liberdade de manifestação de pensamento (inciso IV); à expressão da atividade intelectual, artística, científica e de comunicação (inciso IX); à liberdade de reunião (inciso XVI); à liberdade de associação para fins lícitos (inciso XVII); ao acesso à informação pública de interesse particular, coletivo ou geral (inciso XXXIII); e de petição aos poderes públicos, em defesa de direitos ou contra ilegalidade ou abuso de poder (inciso XXXIV, alínea "a"). É possível afirmar, portanto, que o lobby lícito integra o repertório de instrumentos à disposição dos segmentos sociais para a promoção de seus interesses.

Quando feito de forma lícita, o lobby pode proporcionar contribuições positivas para os tomadores de decisão, para a opinião pública, para os interesses representados e para o sistema político como um todo.[37]

Os tomadores de decisão são atores que precisam deliberar sobre muitas questões complexas, geralmente envolvidas por uma intricada rede de interesses e sobre as quais possuem in-

---

37 Cohen e Rogers (1992) desenvolvem uma excelente discussão sobre as contribuições e os problemas que os grupos de interesse (ou "associações secundárias", como preferem denominá-los) podem acarretar.

formações limitadas. Nesse sentido, os lobbies lícitos podem ajudar a chamar a atenção para questões importantes, que ainda não figuram na agenda decisória, e proporcionar aos tomadores de decisão uma série de informações, ideias, pontos de vista e reivindicações referentes aos itens que já figuram na agenda decisória. É fato que os lobbies podem trazer visões parciais para o processo decisório. Também é fato que o conflito de interesses pode levar o processo decisório ao impasse e à paralisia. Mas, em um contexto de prevalência dos direitos mencionados anteriormente, diversos lados de uma mesma questão podem ter lobistas operantes, atuando em controle mútuo. E, por outro lado, o conflito entre lobistas de interesses divergentes pode ajudar o tomador de decisão a ter uma visão mais completa da questão em jogo, bem como a evitar decisões subótimas de afogadilho. Assim, o tomador de decisão pode levar em conta os *inputs* de lobbies opostos para desenhar soluções satisfatórias para as diversas partes legítimas envolvidas. Desse modo, as contribuições dos lobbies lícitos para os tomadores de decisão podem aprimorar a qualidade das decisões tomadas.

Os lobbies lícitos também podem contribuir para o refinamento da opinião pública sobre questões que figuram na agenda decisória do poder público. Admitimos desde logo a hipótese de que lobbies poderosos possam deformar a consciência cívica sobre temas relevantes, ou dificultar a tarefa dos atores sociais de conceber seus interesses de modo objetivo e consciente.[38] Mas não vemos razão para sempre tomarmos a opinião pública como mera receptora passiva da influência dos lobbies, ou como simples marionete à mercê da manipu-

---

38   Ver o trabalho clássico de Lukes (1992).

lação daqueles lobbies poderosos. Da mesma forma que os lobbies podem colaborar para o aprimoramento da qualidade das deliberações dos decisores, também podem ajudar uma opinião pública bem educada a ter uma visão mais profunda e completa sobre os problemas públicos – problemas sobre os quais ela pode vir a ser chamada a se pronunciar diretamente em consultas públicas, eleições, plebiscitos, referendos ou outros mecanismos de participação. Para isso, é imprescindível a vigência dos direitos constitucionais mencionados anteriormente, bem como a diversidade de perspectivas sobre os temas em debate.

O lobby lícito também é capaz de trazer contribuições positivas para os interesses defendidos. Uma delas independe dos resultados alcançados e consiste na satisfação subjetiva de poder "participar do jogo", isto é, de poder enriquecer o debate sobre as questões públicas e de ter os pontos de vista levados em conta durante os processos decisórios, mediante uma defesa pública e aberta. Assim, o lobby lícito pode diminuir a distância entre os interesses organizados e o poder público, criando um importante canal de interlocução entre eles. A segunda contribuição é objetiva, e consiste na possibilidade de trazer o resultado final da decisão para um ponto mais próximo às preferências dos interesses representados. Como vimos, o lobby é um fator – entre outros – que pode afetar o resultado das decisões políticas. Portanto, significa uma oportunidade para o atendimento de interesses promovidos por reivindicações de atenção política, mas não é garantia de êxito. Em terceiro lugar, como ensinam os teóricos da democracia participativa – por exemplo, a cientista política norte-americana Carole Pateman (1995) –, a participação em processos decisórios abertos resulta em diversos subprodutos valiosos para quem participa. O primeiro desses subprodutos é a educação política, que: (1) capacita o participante, ao tratar de questões coletivas, a levar em conta não somente seus interesses privados, mas também os interesses públicos; (2) desenvolve no participante a habilidade de defender seus pontos de vista de forma clara e bem fundamentada; (3) familiariza o participante com os procedimentos democráticos, acostumando-o a aceitar as decisões bem instruídas da maioria. Além da educação política, a participação em processos decisórios democráticos gera outros subprodutos importantes, pois integra o participante à comunidade em que está situado e o leva a aceitar mais facilmente as decisões coletivas, pois sente que suas perspectivas não foram ignoradas ao longo do período deliberativo. Um contexto decisório aberto e participativo pode favorecer, portanto, a constituição de lobbies integrados à comunidade política, que atuem de forma politicamente educada e que aceitem os resultados do processo democrático.

Finalmente, o lobby lícito pode acarretar benefícios para o sistema político como um todo. O lobby em defesa de grandes causas – tais como o desenvolvimento sustentável e o combate à corrupção na política – pode oferecer uma contribuição relevante para a satisfação do interesse público. Além disso, o lobby lícito pode fortalecer o sentimento de "pertença" dos interesses representados à comunidade política, contribuindo para a legitimidade da própria comunidade e do poder público constituído. Em outras palavras, o lobby lícito contribui para a legitimação do sistema político, ao assegurar que os *inputs* de interesses sociais relevantes serão considerados nos processos decisórios – na ausência dessa "válvula de escape", a legitimidade do sistema político poderia vir a ser contestada.

Se é verdade – como ilustramos acima – que o lobby lícito pode oferecer diversas contribuições positivas, também é verdade que ele pode estar associado a problemas relevantes, à luz do princípio democrático da igualdade política. Concentrar-nos-emos, aqui, em dois problemas interligados: o desequilíbrio entre os lobbies atuantes e a concessão de privilégios injustificáveis a interesses determinados.

É sabido que os diferentes segmentos sociais não são igualmente capazes de se organizar ou de arregimentar recursos para formar lobbies em defesa de seus interesses. Quanto à capacidade de organização, a literatura indica que grupos pouco numerosos (por exemplo: os empresários de setores econômicos oligopolizados) têm maior facilidade que grupos grandes (por exemplo: os consumidores de um mercado competitivo ou os contribuintes) para resolver problemas de ação coletiva e constituir lobbies em busca de benefícios para seus membros (Olson, 1999).

Também é variada a capacidade dos diferentes segmentos sociais para arregimentar recursos e sustentar lobbies ativos. Entre os recursos políticos, o dinheiro é um dos mais importantes e fungíveis, ou seja, é um dos que pode ser utilizado de formas mais diferentes para o alcance do mesmo fim: a influência política. De fato, o dinheiro pode viabilizar numerosas atividades, tais como contribuições para campanhas eleitorais, contratação de lobistas talentosos e bem preparados, patrocínio de sólidos estudos técnicos, realização de campanhas publicitárias persuasivas, entre outras. Sendo assim, os segmentos sociais mais bem financiados têm melhores condições de formar lobbies influentes em defesa de seus interesses.

Operando em conjunto, as duas tendências apontadas acima podem instaurar um desequilíbrio em favor dos lobbies que defendem interesses "especiais", ou seja, interesses de segmentos sociais estreitos, extremamente bem organizados e fartamente financiados.

Teoricamente, esse desequilíbrio poderia ser contrabalançado de duas maneiras: de um lado, por meio da atuação de empreendedores políticos dispostos a assumir, por conta própria, a tarefa de organizar a defesa dos interesses com dificuldade de ação coletiva – por exemplo, o Instituto Brasileiro de Defesa do Consumidor (Idec). De outro lado, por meio da atuação do próprio poder público, com vistas a: (1) patrocinar a organização de segmentos sociais desmobilizados; (2) facilitar o acesso de segmentos marginalizados às instâncias decisórias; ou (3) decidir levar em conta os interesses de todas as partes envolvidas em um processo decisório, mesmo quando essas partes estejam desigualmente organizadas e mobilizadas. Entretanto, não há como garantir que essas fontes de reequilíbrio estejam sempre operantes.

A principal consequência do desequilíbrio de forças entre os lobbies atuantes – desequilíbrio favorável aos interesses especiais – é a desigualdade entre os diferentes segmentos sociais quanto à capacidade de promover e defender seus interesses ao longo dos processos decisórios. Assim, o desequilíbrio entre os lobbies pode criar situações problemáticas à luz do valor democrático da igualdade política.

Tal disparidade pode levar os tomadores de decisão a conceder privilégios injustificáveis – ainda que não ilegais – para interesses especiais que contam com lobbies fortes. Não entendemos que toda política de apoio a segmentos sociais específicos seja indefensável. Existem políticas públicas que procuram corrigir injustiças históricas (por exemplo: políticas que beneficiam comunidades indígenas ou quilombolas).

Outras políticas focalizadas procuram promover a igualdade de oportunidades (por exemplo: políticas voltadas para pessoas com deficiência) e combater a discriminação (por exemplo: políticas de promoção da igualdade de gênero e políticas de combate à homofobia). Experiências exitosas de política industrial mostram que políticas "verticais" de apoio a setores econômicos particularmente promissores, quando bem formuladas, podem acarretar vantagens para seus beneficiários mais diretos (os *insiders*, ou seja, os empresários e seus fornecedores, empregados e clientes) e, ao mesmo tempo, gerar externalidades positivas para os *outsiders*, ou seja, o restante da sociedade (Evans, 2004).

Por outro lado, lobbies poderosos de interesses especiais podem arrancar privilégios injustificáveis junto ao poder público, inclusive pela devida via legal. É o que ocorre, por exemplo, quando a maioria da sociedade arca com uma carga tributária elevadíssima, enquanto setores empresariais específicos são contemplados por leis que lhes concedem benefícios tributários injustificáveis. Aprovados de forma pouco transparente e sem evidências conclusivas em favor de sua eficiência, eficácia e efetividade, tais benefícios particulares são concedidos a expensas do restante da sociedade, que deixa de receber serviços que poderiam ser financiados pela receita renunciada e/ou tem a carga tributária ainda mais aumentada para compensar a perda de receitas (Mancuso, Gonçalves e Mencarini, 2010; Mancuso e Moreira, 2013).

Em síntese, quando a força dos lobbies é muito desequilibrada, e os lobbies mais fortes arrancam privilégios injustificáveis do poder público, as desigualdades já existentes podem ser ainda mais reforçadas, e o interesse público é defrontado com grave ameaça.

Diante do exposto, o desafio fundamental a ser enfrentado é combater o lobby ilícito, potencializar as contribuições positivas do lobby lícito e contrabalançar o desequilíbrio que pode resultar no favorecimento injustificável de interesses especiais.

Capítulo 7

Como enfrentar o desafio?

Quando se pensa em enfrentar o desafio apontado acima, a medida lembrada com mais frequência é a regulamentação do lobby, que consiste na formulação e na implementação, pelo poder público, de normas aplicáveis à atividade. A regulamentação do lobby pode variar quanto à origem e à esfera de aplicação. Por um lado, as normas referentes ao lobby podem ser elaboradas por uma instância decisória, em consonância com o ordenamento jurídico existente, e ter aplicação restrita apenas a ela mesma. No âmbito interno de um país isso acontece, por exemplo, quando o Poder Legislativo nacional ou subnacional aprova leis relativas ao lobby junto aos seus próprios membros, ou quando o Poder Executivo nacional ou subnacional disciplina a interação de seus membros com os lobistas. No âmbito supranacional, isso ocorre quando as instâncias decisórias emitem normas aplicáveis ao lobby diante de seus membros – como a regulamentação do lobby pelo Parlamento Europeu. Por outro lado, a regulamentação do lobby pode ser elaborada por uma instância decisória e ter aplicação mais geral. É o que ocorre, por exemplo, quando o Poder Legislativo – em âmbito supranacional, nacional ou subnacional – disciplina o lobby junto a si próprio e também junto a outros membros do poder público, que estejam em sua esfera de influência.[39]

Independentemente da origem e da esfera de aplicação, a regulamentação do lobby pode envolver diversos elementos, como se segue.

Definição de lobby, lobista e do subconjunto de atividades e agentes a que as normas se aplicam

Há, basicamente, duas abordagens para a definição dos agentes e das atividades a que se aplicam as normas de regulamentação do lobby. A primeira é a da autoidentificação voluntária dos lobistas. De acordo com essa abordagem, é considerado lobista todo aquele que se autodeclara, voluntariamente, como tal; e é considerada lobby a atividade de defesa de interesses realizada pelos lobistas autodeclarados. Nessa hipótese, as normas de regulamentação do lobby aplicam-se exclusivamente a esses agentes autodeclarados e suas atividades. A vantagem dessa abordagem é que ela prescinde de definições arbitrárias dos reguladores. A desvantagem é que pode excluir do alcance da regulamentação uma propor-

---

39   Boa discussão nacional sobre o tema pode ser encontrada em Santos e Cunha (2015a, 2015b) e Mancuso, Angélico e Gozetto (2016). Chari, Hogan e Murphy (2010) apresentam uma lista de países e organizações internacionais que regulamentaram a atividade de lobby: EUA, Canadá, Alemanha, Hungria, Lituânia, Polônia, França, Parlamento Europeu, Comissão Europeia. Os autores mantêm um sítio interessantíssimo sobre o assunto na internet: <www. regulatinglobbying.com>.

ção considerável de agentes envolvidos em defesa de interesses junto a membros do poder público que tomam decisões.

A segunda abordagem é a definição de lobby e lobista pelos reguladores. Dispositivos que regulamentam o lobby podem conter definições bastante abrangentes da atividade e dos agentes que a realizam. Por exemplo, o lobby pode ser definido inicialmente, de modo bastante amplo, como a defesa de interesses junto a membros do poder público que tomam decisões, e o lobista pode ser definido como o agente desta defesa de interesses. "Lobby" e "lobistas" são palavras originárias do idioma inglês e, por isso, os reguladores que utilizam outro idioma podem preferir substituí-las por conceitos correlatos de sua própria língua, tais como representação e representante de interesses, em português.

Definições gerais como essas são úteis para uma primeira delimitação do objeto da regulamentação, mas os dispositivos que regulam o lobby podem conter especificações adicionais do subconjunto de agentes e atividades a que as normas efetivamente se aplicam. Nesse sentido, o texto da regulamentação pode explicitar que se aplica exclusivamente a determinado tipo de lobista e/ou a determinado tipo de atividade. No começo deste livro mencionamos que há dois tipos principais de lobistas: (1) os lobistas profissionais, que são contratados formalmente, mediante remuneração, para prestar serviços de representação de interesses, e (2) os lobistas voluntários, cujo trabalho não decorre de um contrato formal que estabelece responsabilidades e contrapartidas. A regulamentação do lobby pode se aplicar igualmente aos dois tipos de lobistas, ou apenas a um dos dois tipos (por exemplo, aos lobistas profissionais), ou, ainda, apenas a algum subtipo de lobista (por exemplo, entre os lobistas profissionais, apenas aos lobistas autônomos). Também podem ser excluídos do alcance da regulamentação os lobistas ligados a determinados segmentos sociais (por exemplo: os lobistas do setor público, de populações nativas, de igrejas etc.).

Os dois critérios que têm sido mais utilizados para circunscrever os agentes a que a norma se aplica são o tempo e o dinheiro envolvidos na atividade de defesa de interesses. Assim, por exemplo, a norma pode se aplicar exclusivamente aos indivíduos que dedicam determinada proporção de sua jornada de trabalho àquela atividade, ao longo de determinado período (por exemplo, pelo menos 30% da jornada de trabalho, durante seis meses, no período de um ano) e/ou que recebem pela atividade determinada quantia (por exemplo, pelo menos dois salários mínimos) ou determinada proporção de sua renda mensal (por exemplo, pelo menos 25% de sua renda mensal). Naturalmente, o volume e a proporção de tempo e dinheiro mencionados neste parágrafo são apenas exemplificativos, podendo variar de regulamentação para regulamentação. O importante é destacar a constante preocupação dos reguladores em estabelecer patamares mínimos de tempo e dinheiro envolvidos na defesa de interesses, que diferenciem, de um lado, os agentes cobertos pela regulamentação do lobby, e, de outro lado, o cidadão comum, que deve ter preservado seu direito de interpelar os decisores a respeito dos itens da agenda decisória. Em outras palavras, é frequente a preocupação dos reguladores no sentido de que a regulamentação do lobby não atrapalhe a participação política dos cidadãos nem os leve a crer que a única forma legítima de participação política é pela via dos lobistas regulados.

Neste livro, também já tratamos das diversas atividades que os lobistas podem realizar para promover os interesses que representam. A regulamentação do lobby nem sempre cobre todas essas atividades. O texto regulador pode aplicar--se exclusivamente ao lobby junto aos escalões superiores do poder público. Pode também excluir de seu alcance as atividades realizadas mediante convocação do poder público, tais como a participação em audiências e consultas públicas, ou respostas apresentadas ao poder público para atender a alguma solicitação de informações.

Disposições relativas aos lobistas

Os textos de regulamentação do lobby geralmente contêm determinações para os lobistas. As determinações mais usuais são o registro junto a órgão competente e o fornecimento de informações. Caso a caso, há variação quanto à obrigatoriedade e à frequência de renovação do registro, bem como à extensão, detalhamento e periodicidade das informações solicitadas. Em linhas gerais, o lobista registrado pode ser solicitado a fornecer informações referentes:

- a si mesmo, tais como nome, contatos e formação acadêmica, entre outras;
- a quem o emprega, tais como nome e contatos dos responsáveis pela pessoa jurídica e pela seção em que trabalha – no caso de lobista autônomo, podem ser solicitadas informações sobre as pessoas físicas ou jurídicas que contrataram seus serviços;
- aos beneficiários de suas atividades, ou seja, ao segmento cujos interesses defende;
- aos temas que motivam seu trabalho de defesa de interesses;

- aos objetivos que promove, relacionados aos temas de interesse;
- às decisões específicas que focaliza;
- às instâncias decisórias em que as decisões focalizadas são tomadas;
- aos decisores a que se dirige, bem como aos seus assistentes;
- aos tipos e ao montante de recursos investidos no trabalho de defesa de interesses – nesse ponto, o lobista pode ser solicitado a informar quanto recebeu pelo seu trabalho e/ou quanto investiu nele e/ou quanto seu empregador ou contratante investiu em defesa de interesses, considerando-se as diversas atividades possíveis nesse campo.

As normas de regulamentação do lobby podem estabelecer outras determinações para os lobistas, além do registro e do fornecimento de informações. Há casos em que os lobistas são obrigados a frequentar cursos de formação, cuja carga horária e conteúdo programático podem ou não ser definidos pelas normas reguladoras. Também há casos em que se requer dos lobistas registrados a subscrição de um código de conduta. Esse código pode conter princípios a serem adotados na interação com os decisores (por exemplo: honestidade; transparência; prestação de informações verídicas, claras e precisas; vedação de presentes e convites remunerados para palestras etc.) e com os clientes (por exemplo: proibição de conflitos de interesse e da cobrança de "taxas de sucesso").[40]

---

40 Conflitos de interesse ocorreriam se o lobista defendesse, simultaneamente, interesses opostos. Taxas de sucesso são valores pagos ao lobista apenas em caso de êxito da reivindicação dos interesses representados.

Disposições relativas aos decisores

Além de dispor sobre os lobistas, ou seja, o lado da demanda, os textos de regulamentação do lobby também podem dispor sobre os decisores, ou seja, o lado da oferta. Quanto aos decisores, os regulamentos podem estabelecer:

1) Princípios e regras de conduta para a interação com lobistas. Nesse ponto, os regulamentos podem reiterar, para o caso em foco, o que já está estabelecido, em geral, pelo ordenamento jurídico existente. Os princípios de conduta mencionados na regulamentação podem corresponder, por exemplo, àqueles citados no *caput* do art. 37 da Constituição brasileira, quais sejam, a legalidade, a impessoalidade, a moralidade, a publicidade e a eficiência. Os regulamentos também podem:

- proibir o decisor de usar seus poderes, ou os meios à sua disposição, para obter vantagens para si ou para terceiros;
- proibir o decisor de vazar informações privilegiadas;
- proibir o decisor de receber presentes ou favores, tais como transporte e hospedagem (ou então limitar presentes e favores a valores suficientemente baixos para não comprometer a integridade das decisões tomadas);
- proibir ou limitar o aceite de convites para determinados tipos de eventos sociais, tais como almoços, jantares e festas;
- nos casos de convites não proibidos (como convites para palestras), obrigar o decisor a divulgar a remuneração eventualmente recebida, bem como o eventual pagamento de despesas de transporte pelo promotor do evento;

- proibir ou limitar a prestação, pelo decisor, de serviços como assessorias e consultorias – regras desse tipo visam evitar problemas que ocorrem quando os próprios decisores tornam-se lobistas ou são subcontratados por eles.

2) Medidas para evitar conflitos de interesse. Os regulamentos podem determinar aos decisores que forneçam, periodicamente, informações completas sobre seus investimentos e suas rendas, propriedades, participações acionárias em empresas privadas, ligações organizacionais e institucionais, além de outros elementos que afetem seus interesses particulares. A ideia, nesse caso, é evitar conflitos entre o interesse privado dos decisores e suas atribuições públicas.

3) Regras para reuniões e audiências com lobistas. Os regulamentos podem proibir os decisores de se reunir com lobistas não registrados. Além disso, podem estabelecer que:

- Todo lobista, antes de solicitar audiência com um decisor, requeira inscrição junto ao órgão em que o decisor trabalha. O requerimento pode envolver informações tais como identificação e contatos do requerente; identificação e contatos dos representados; instrumento de mandato, que mostre que o requerente fala em nome dos representados; e indicação dos assuntos de interesse. O regulamento pode determinar que o órgão do decisor elabore uma lista das inscrições requeridas e deferidas.
- Todo lobista, depois da inscrição, ao solicitar a audiência com o decisor, especifique o tema a ser tratado e identifique os participantes da audiência. Novamente, o regulamento pode determinar a confecção de uma lista

de audiências solicitadas, com as informações adicionais pertinentes.

- Todo decisor exija, dos lobistas que solicitam audiências, a prova de registro no órgão competente.
- Todo decisor mantenha e arquive sua agenda de audiências com lobistas, inclusive as audiências realizadas fora de seu local de trabalho.
- Todo decisor registre o conteúdo das audiências com lobistas e arquive os registros dessas audiências.
- Todo decisor esteja acompanhado de outro(s) servidor(es) público(s) nas audiências com lobistas.
- Todo decisor garanta o direito ao contraditório, ou seja, conceda audiência a representantes de interesses antagônicos àqueles representados pelos lobistas que solicitaram audiência.

Disposições relativas à divulgação das informações fornecidas por lobistas e decisores

Os dois pontos anteriores mostraram que as normas de regulamentação do lobby podem solicitar de lobistas e decisores o registro e o fornecimento de um conjunto de informações; e que a extensão, o detalhamento e a periodicidade das informações solicitadas variam de caso para caso.

Os regulamentos podem tratar também da divulgação das informações prestadas por lobistas e decisores. Nesse ponto haveria, teoricamente, duas opções básicas: vedar ou permitir a divulgação das informações fornecidas. Todavia, a principal motivação para regular o lobby é justamente dar transparência à interação de lobistas e decisores. Por isso, as normas reguladoras do lobby geralmente permitem acesso público às informações levantadas. Caso a caso, no entanto, há grande variação quanto à forma de acesso público às informações, ao conteúdo das informações acessíveis e à periodicidade da divulgação das informações.

Quanto à forma de acesso, algumas variações possíveis são as seguintes, entre outras:

- As informações podem ser concentradas e divulgadas por um único órgão, em toda esfera de aplicação do regulamento, ou então ser divulgadas por diferentes órgãos das diversas instâncias decisórias cobertas pelo regulamento. Isso determina a quem deverá dirigir-se o público interessado nas informações.
- O acesso do interessado às informações disponíveis pode ser imediato ou então requerido mediante solicitação prévia.
- O acesso às informações pode ser feito pela rede mundial de computadores ou poderão ser exigidos outros meios, tais como telefonemas, serviço postal, presença física no local em que as informações estão reunidas etc. Os avanços no campo da tecnologia da informação podem facilitar sobremaneira o registro, a divulgação e o acompanhamento de informações referentes ao lobby.

Quanto ao conteúdo das informações acessíveis, pode haver as seguintes variações, entre outras: (1) as informações existentes podem ser disponibilizadas na íntegra ou apenas parcialmente, com diferentes níveis possíveis de restrição; (2) as informações existentes podem ser disponibilizadas em estado "bruto", isto é, exatamente como fornecidas pelas fontes primárias, ou então ser submetidas a algum tipo de organização e tratamento antes de serem divulgadas aos interessados.

Por fim, os regulamentos podem determinar a periodicidade da divulgação das informações prestadas por lobistas e decisores.

Disposições relativas aos órgãos incumbidos de implementar as normas e de fiscalizar seu cumprimento

Como visto até agora, regular o lobby consiste, em grande medida, em levantar e divulgar informações sobre os lobistas e sobre os decisores com quem eles interagem.

As normas reguladoras do lobby podem definir os órgãos que ficarão encarregados de implementar essas medidas e de fiscalizar seu cumprimento. Quanto a esse ponto, novamente há muita variação de caso para caso.

As tarefas de recolher, organizar e divulgar as informações pertinentes, bem como de fiscalizar o cumprimento das normas, podem ser atribuídas a órgão totalmente novo, criado especificamente para isso, ou então ficar a cargo de órgão já existente. Independentemente dessa escolha, as normas reguladoras podem conceder graus variados de autonomia e de capacidade ao órgão implementador e fiscalizador. O grau de autonomia dependerá, por exemplo, das regras de nomeação e de demissão dos dirigentes do órgão. Um órgão tende a ser mais autônomo quando seus dirigentes são escolhidos por critérios técnicos e possuem mandatos fixos, não sendo, portanto, demissíveis *ad nutum* por decisão ou pressão dos fiscalizados. Por sua vez, a capacidade do órgão dependerá, por exemplo, da estrutura que lhe for concedida em termos de infraestrutura material apropriada (isto é, espaço físico e equipamentos), número adequado de funcionários, recursos orçamentários constantes e suficientes etc. O trabalho do órgão fiscalizador tende a ser favorecido pelo funcionamento de ouvidorias, que recebam denúncias de descumprimento das regras por lobistas ou decisores. Níveis elevados de autonomia e de capacidade concedem *status* ao órgão em questão e são de extrema importância para que possa exercer a contento seu papel.

O órgão implementador e fiscalizador pode servir também como instância de consulta e instrução para os regulados, a fim de que estes possam dirimir eventuais dúvidas sobre as condutas adequadas a seguir no que tange ao lobby.

As normas reguladoras podem também definir o ritual periódico de prestação de contas a ser adotado pelo órgão implementador e fiscalizador. A prestação de contas é fundamental para a avaliação do desempenho do órgão, assim como para o aprimoramento de seu trabalho.

Disposições relativas a procedimentos em caso de cumprimento ou descumprimento das normas

Os textos de regulamentação do lobby podem definir medidas adotáveis conforme o cumprimento ou descumprimento das normas existentes.

Há regulamentos que preveem recompensas para os lobistas que cumprem as normas. Por exemplo, esses lobistas podem receber informações constantes e atualizadas sobre processos decisórios ligados aos seus temas de interesse. Tais informações podem referir-se à realização de eventos (debates, audiências públicas, consultas públicas etc.), bem como à apresentação ou tramitação de propostas referentes àqueles temas de interesse.

Os regulamentos também podem estabelecer punições para os casos de descumprimento das normas por lobistas ou decisores. Os lobistas desobedientes podem receber punições tais como advertência, multa, cassação temporária ou definitiva de registro e prisão. A severidade das penas tende a variar conforme a frequência e/ou gravidade do delito cometido. Algumas punições podem ser impostas pelos próprios órgãos encarregados de implementar as regras e de fiscalizar seu cumprimento (por exemplo, advertências, multas e cassações de registro). Outras punições, tais como penas privativas de liberdade, dependerão do devido processo judicial.

As normas de regulamentação do lobby podem, ainda, prever punição para os decisores que as descumprirem. O ritual de punição dos decisores desobedientes pode variar segundo as regras que regem as instâncias decisórias em que atuam. Por exemplo, o processo de punição de um parlamentar desobediente pode seguir um ritual diferente do processo de punição de um membro do Poder Executivo ou do Poder Judiciário.

Disposições relativas ao exercício de lobby por ex-decisores

As normas de regulamentação do lobby podem estabelecer períodos durante os quais ex-decisores recém-egressos do poder público sejam proibidos de atuar como lobistas profissionais (contratados ou empregados) e/ou voluntários.

A proibição pode se estender também à prestação de serviços de assessoria ou consultoria por eles para agentes que fazem lobby. Em ambos os casos, a ideia é impedir que os ex-decisores utilizem informações e contatos decorrentes de seu antigo trabalho em benefício próprio e/ou de outrem.

As normas podem variar muito quanto à extensão do período de "esfriamento", que pode valer por dias, meses ou anos. Também podem variar quanto às esferas vedadas de atuação: o ex-decisor pode ser proibido de atuar, direta ou indiretamente, junto ao poder público como um todo, ou apenas junto à instância decisória em que trabalhava anteriormente. As normas podem variar ainda quanto à punição em caso de desrespeito à regra. A punição estabelecida pode ser imposta aos ex-decisores que atuam como lobistas e/ou àqueles que utilizarem seus serviços.

***

A discussão anterior mostrou que não existe uma forma única de regulamentação do lobby. Em síntese, as normas reguladoras do lobby podem variar muito quanto às atividades e aos agentes a que se aplicam; à amplitude, ao detalhamento e à periodicidade das informações levantadas e divulgadas, referentes aos lobistas e aos decisores que interagem com eles; ao padrão de comportamento imposto a lobistas e decisores; à autonomia e à capacidade concedida aos órgãos incumbidos de implementá-las e de fiscalizar seu cumprimento; e às recompensas e punições aplicáveis, respectivamente, àqueles que as cumprirem ou descumprirem. Portanto, regulamentar o lobby significa, sobretudo, arregimentar e dar publicidade às informações sobre lobistas, decisores e interações que mantêm, bem como estabelecer padrões para essas interações e fazê-los cumprir.

Lobby e políticas públicas

As disposições presentes em cada regulamentação, relativas a cada um desses elementos, podem combinar-se de formas numerosas. As regulamentações mais robustas são aquelas que se aplicam a mais atividades e agentes; que levantam e divulgam, com maior frequência, uma lista ampla e detalhada de informações de lobistas e decisores; que estabelecem padrões mais rígidos de comportamento para lobistas e decisores; que concedem um elevado grau de autonomia e de capacidade para os órgãos de implementação e de fiscalização; e que preveem mais recompensas e punições em caso de obediência ou desobediência às regras. As regulamentações mais modestas têm características opostas. Caso a caso, a forma de combinação das disposições é uma questão de escolha, a ser feita dentro das circunstâncias existentes. Essa escolha pode depender, entre outros fatores, das preferências dos reguladores, do montante de recursos disponíveis e do nível de prioridade atribuído por formadores de opinião, pela sociedade organizada, pela mídia e por outros atores relevantes aos desafios que a regulamentação procura enfrentar.

A regulamentação do lobby é um tema continuamente retomado no Brasil, sobretudo quando estouram escândalos ligados à prática do lobby ilícito. Entretanto, o interesse pela regulamentação geralmente reflui à medida que os escândalos perdem destaque no noticiário.

No momento em que este livro está sendo escrito, tramitam no Congresso Nacional cinco proposições legislativas que regulamentam o lobby no Brasil. Três proposições encontram-se na Câmara dos Deputados. Uma delas é de autoria do ex-senador Marco Maciel (DEM-PE). Apresentado em 1989, o Projeto de Lei (PL) nº 203, do Senado, foi rapidamente aprovado na casa de origem e remetido à Câmara dos Deputados, onde tornou-se o PL nº 6.132/1990 e lá está há 27 anos. O segundo projeto é de autoria do deputado federal Carlos Zarattini (PT-SP). O PL nº 1.202/2007 recebeu substitutivo de autoria da deputada federal Cristiane Brasil (PTB-RJ), que foi aprovado pela Comissão de Constituição e Justiça e de Cidadania (CCJC) em dezembro de 2016 e está pronto para votação em plenário. A esse projeto encontra-se apensado o PL nº 1.961/2015, de autoria do deputado federal Rogério Rosso (PSD-DF). Já no Senado Federal encontram-se duas proposições legislativas sobre o tema. A primeira é o Projeto de Lei do Senado (PLS) nº 336/2015, de autoria do senador Walter Pinheiro (PT-BA) e a segunda é a Proposta de Emenda Constitucional (PEC) nº 47/2016, de autoria do senador Romero Jucá (PMDB-RR).

Se a regulamentação do lobby é debatida há tanto tempo no Brasil, e se há projetos apresentados por parlamentares de partidos situados em pontos tão diversos do espectro ideológico, cabe perguntar por que a regulamentação ainda não foi adotada no país. A nosso ver, quatro fatores têm obstado a regulamentação do lobby no Brasil: em primeiro lugar, aparentemente há certa falta de interesse, por parte dos legisladores, de incluir o tópico na pauta de decisão. A regulamentação do lobby provavelmente favoreceria a profissionalização da atividade. A inércia dos legisladores talvez possa ser interpretada como um meio de evitar a disputa com os lobistas profissionais pela representação dos interesses sociais. Em segundo lugar, há certa hesitação dos próprios lobistas em levantar, de forma inequívoca, a bandeira da regulamentação. Por um lado, a regulamentação do lobby promete combater o espectro de marginalidade que ronda a atividade – para os profissionais da área, isso traria um benefício significativo. Por outro lado, no entanto, a regulamentação obriga os lobistas a agir de forma transparente, forçando-os a abdicar da atuação em cenários de pouca visibilidade, mais convenientes para a defesa de interesses ilegítimos. Além disso, há o temor de que a regulamentação gere não apenas mais concorrência – inchando o mercado da representação de interesses, com a chegada de novos profissionais interessados em atuar como lobistas –, mas também mais burocracia, ao determinar a frequente prestação de contas de gastos e atividades realizadas. Em terceiro lugar, a sociedade brasileira não tem atuado como agente impulsionador da regulamentação do lobby, diferentemente do que ocorreu, por exemplo, com o projeto da *ficha limpa*. Por fim, em quarto lugar, o Poder Executivo federal ainda não encampou nenhum projeto de regulamentação do lobby – e sabe-se que o Poder Executivo tem sido o responsável pela maior parte da produção legislativa no país (Figueiredo e Limongi, 1999). No governo Lula, realizou-se, em novembro de 2008, o Seminário Internacional sobre Intermediação de Interesses: a Regulamentação do Lobby no Brasil, promovido pela Controladoria-Geral da União (CGU), pela Casa Civil e pela Secretaria de Assuntos Legislativos do Ministério da Justiça. Diversos ministros, parlamentares, profissionais do lobby e acadêmicos participaram desse seminário. Uma das ideias era subsidiar a elaboração de um projeto para a regulamentação do lobby. Entretanto, até o momento, nenhuma proposição sobre o tema foi enviada pelo Executivo para apreciação do Congresso. Tomados em conjunto, esses fatores mostram que, para ser aprovada, a regulamentação do lobby precisará enfrentar e superar resistências significativas.

A regulamentação do lobby não é uma ideia consensual. Há divergências entre defensores e críticos dessa medida. De um lado da controvérsia, os defensores da regulamentação do lobby sustentam que a medida traz benefícios generalizados, ao impor transparência à interação de lobistas e decisores. Segundo eles, o público é o beneficiário principal dessa medida, visto que a regulamentação produz informações sobre os segmentos mobilizados pelos processos decisórios, sobre os decisores e sobre a interação destes com os lobistas. Por sua vez, informações desse tipo podem:

- Ajudar o cidadão a compreender melhor o que está em jogo em torno de cada processo decisório, o que favorece a tomada de posição mais instruída e qualificada sobre os itens da agenda pública, em caso de votações, consultas etc.
- Ajudar a academia, as organizações sociais e a mídia a produzir trabalhos que aprofundem o conhecimento sobre a prática.
- Motivar interesses até então desmobilizados a se organizar e participar do debate, ao verem que interesses opostos já estão envolvidos. A constituição de *countervailing powers* é ainda mais favorecida quando a regulamentação prevê explicitamente o direito ao contraditório.
- Levar os lobbies a refinar os argumentos apresentados em defesa de seus interesses, em função da transparência imposta à sua atuação, bem como da maior mobilização provável de interesses opostos. Em outras palavras, a regulamentação pode aprimorar a qualidade da discussão sobre as questões públicas.

Portanto, conforme os defensores da medida, a regulamentação do lobby promove o interesse público, pois impele os decisores a agir de modo mais íntegro e responsável, ao se depararem com cidadãos e sociedade mais informados e vigilantes, bem como com maior equilíbrio entre os interesses afetados pelas decisões em pauta. Esse efeito benfazejo da regulamentação do lobby seria obtido sem a violação de direitos fundamentais, tais como a liberdade de organização e de expressão, pois usualmente não define limites para o investimento em lobby lícito; não determina a escolha das modalidades de atividades lícitas a serem realizadas, pelos segmentos que fazem lobby, nos diferentes momentos em que sua atuação se desdobra; e nem interfere no funcionamento interno cotidiano dos segmentos que fazem lobby, exceto pelas disposições relativas à prestação de informações ou à obediência a padrões éticos na interação com decisores.

De acordo com os defensores da regulamentação do lobby, os benefícios dessa medida não se restringem à promoção do interesse público. A medida também beneficia decisores e lobistas. Os decisores, com base nas informações reveladas pelos lobistas, podem avaliar melhor a representatividade e a legitimidade de seus interlocutores, e, consequentemente, o peso a ser atribuído às suas demandas. Os lobistas, por sua vez, dispõem de mais informações sobre as ações de eventuais competidores, o que favorece a definição de suas próprias estratégias. Além disso, a regulamentação confere mais legitimidade à atuação dos lobistas, combatendo o estigma de marginalidade e ilegalidade que muitas vezes é associado à prática.

Do outro lado da controvérsia estão os críticos da medida. Um dos argumentos contra a regulamentação do lobby é o da ineficiência. De acordo com esse argumento, a regulamentação impõe gastos de recursos escassos, públicos (com a aplicação das regras) e privados (com o cumprimento delas), gastos estes tanto maiores quanto mais robusto for o sistema regulatório. Tais gastos, segundo os críticos, são um verdadeiro desperdício, porque a regulamentação focaliza apenas a interação formal entre lobistas e decisores, ao passo que grande parte do lobby realmente se dá de modo informal, escapando assim ao alcance das normas.

Outro argumento contrário é o do desestímulo à participação política direta dos cidadãos e segmentos sociais afetados por decisões políticas. Conforme esse argumento, a regulamentação do lobby leva à profissionalização da atividade. Isso, por sua vez, pode levar à percepção difusa – e antidemocrática – de que a articulação de interesses junto ao poder público, para ser efetiva, exige a mediação de lobistas profissionais.

A nosso ver, a regulamentação do lobby é uma medida potencialmente importante para o enfrentamento do desafio colocado anteriormente. Ao iluminar a interação de lobistas e decisores, e impor padrões éticos para essa interação, a regulamentação do lobby pode estreitar o espaço do lobby ilícito. Pode também estimular o aprimoramento do lobby lícito, com os benefícios que isso acarreta para decisores, interesses, opinião pública e sistema político. Pode ainda estimular a constituição de *countervailing powers* que se oponham à concessão de privilégios injustificáveis a interesses especiais, seja de forma direta, em caso de previsão explícita do direito ao contraditório, seja de forma indireta, por meio da revelação dos interesses envolvidos em processos decisórios e do consequente estímulo à mobilização de interesses opostos. Em outras palavras, a regulamentação do lobby pode contribuir para torná-lo um instrumento de representação de interesses mais compatível com valores democráticos.

Apesar de potencialmente importante, entendemos que a regulamentação não deva ser encarada como uma panaceia. Independentemente da forma adotada, é preciso encarar com seriedade as ressalvas levantadas pelos críticos. Isso significa, por exemplo, que se deve cuidar para que a regulamentação do lobby não intimide a participação política dos cidadãos sem a intermediação de lobistas profissionais. Significa, também, admitir que a regulamentação provavelmente não cobrirá uma parte importante da atividade de defesa de interesses, sobretudo aquela parte que se dá de modo informal e que, portanto, é de difícil controle e fiscalização — por exemplo, a defesa de interesses que ocorre fora do local de trabalho do decisor ou que mobiliza laços pessoais, de amizade ou de outra natureza entre os representantes de interesses e os decisores. É justamente esse tipo de defesa de interesses que, muitas vezes, está associado a crimes contra a administração pública.

Neste livro não advogamos nenhuma forma específica de regulamentação do lobby. Como argumentamos anteriormente, há regulamentações mais robustas e outras mais modestas. Cada instância que decide regulamentar a atividade precisa escolher a forma mais adequada ao seu contexto. Regulamentações robustas ou modestas poderão ser bem ou malsucedidas dentro do que se propõem, e isso dependerá essencialmente da qualidade na implementação e na fiscalização das regras, bem como do rigor utilizado na imposição de sua obediência, com a aplicação de recompensas ou punições àqueles que as cumprirem ou descumprirem, conforme previsto no dispositivo regulamentador.

Considerações finais

Ao longo deste livro, procuramos fornecer uma abordagem panorâmica, com fundamentação acadêmica, sobre os aspectos mais importantes da atividade do lobby. Inicialmente, definimos o conceito em sua acepção política mais geral, como defesa de interesses junto a membros do poder público incumbidos de tomar decisões. Partindo dessa definição, identificamos diversos segmentos sociais – dos mais estreitos aos mais amplos – que usualmente se envolvem com a prática do lobby, ora isoladamente, ora em coalizões. Apontamos, também, a variedade de temáticas e de motivações que podem impelir os segmentos sociais ao trabalho de representação de interesses, bem como discutimos o portfólio de recursos que podem ser mobilizados durante esse trabalho. O capítulo inicial terminou com uma discussão sobre os conceitos correlatos, porém não coincidentes, de relações públicas, relações institucionais e governamentais, *advocacy* e lobby.

Acreditamos que o primeiro capítulo possa estimular diversas pesquisas que contribuirão para aprofundar o conhecimento disponível sobre o assunto em tela. Há espaço, por exemplo, para discussões conceituais mais aprofundadas, baseadas tanto na teoria quanto na prática, sobre o significado específico de "lobby", bem como sobre a relação entre esse termo e os termos próximos a ele, mencionados anteriormente. Entre os segmentos sociais identificados nessa parte do trabalho, alguns têm sido comparativamente bem estudados, como o empresariado. Sem diminuir a importância de analisar a atuação política desse setor, que desempenha papel tão fundamental numa sociedade capitalista como a nossa, sugerimos a importância de haver mais estudos sobre os lobbies de segmentos sociais relativamente negligenciados pela academia, tais como os integrantes do setor público e os grupos mobilizados por questões não econômicas (defesa de minorias, de interesses difusos, de princípios ideológicos etc.).

O segundo capítulo versou sobre o universo dos lobistas. Em primeiro lugar, focalizamos os lobistas que realizam seu trabalho profissionalmente, mediante contrato e remuneração. Esse grupo se subdivide em lobistas autônomos, que são contratados por seus clientes para trabalhos específicos, e lobistas empregados, que pertencem ao rol de funcionários de organizações situadas na esfera do Estado, do mercado e da sociedade civil. Em segundo lugar, tratamos dos lobistas voluntários, que procuram influenciar o processo decisório, mas cuja atuação não decorre de contratos formais com clientes ou empregadores.

Esse capítulo também descortinou uma instigante agenda de pesquisa. Talvez o maior desafio seja dimensionar o universo do lobby profissional no Brasil. Qual é a quantidade e o perfil das empresas que prestam serviços autônomos de representação de interesses em processos decisórios de políticas públicas no Brasil? Qual é a quantidade e o perfil dos funcionários contratados por organizações públicas, sociais, empresariais e de trabalhadores, para defender os interesses dessas próprias organizações e do público que procuram representar? Enquanto a atividade do lobby não for regulamentada no Brasil, obrigando o registro das informações dos lobistas junto ao poder público, o trabalho exploratório de mapear o contorno da comunidade de representação de interesses no país permanecerá bastante exigente. Para esse fim, pode ser um passo relevante o recente reconhecimento do lobby como atividade profissional no Brasil, incluída na Classificação Brasileira de Ocupações sob o título de relações institucionais e governamentais. As associações de lobistas, como a Abrig e o IRelGov, também desempenham papel importante, seja para conduzir pesquisas sobre o universo dos profissionais da área, seja colocando-se, elas próprias, como objeto de estudo da academia.

O terceiro capítulo apresentou as instâncias em que o trabalho do lobby se desenvolve: no plano interno, os órgãos dos poderes Executivo, Legislativo e Judiciário, em nível nacional, estadual e municipal; no plano externo, órgãos do poder público de outros países, ou então agências decisórias supranacionais, de alcance regional ou global. Nesse aspecto, a literatura apresenta um claro desequilíbrio. Predominam os estudos sobre o lobby junto ao Congresso Nacional, mas praticamente não há trabalhos sobre essa atividade nas assembleias legislativas e nas câmaras de vereadores, onde também se tomam decisões importantes para os grupos de interesse. Há poucas investigações sobre o lobby junto ao Poder Executivo federal, estadual e municipal – tanto ao nível da chefia deste poder quanto ao nível dos diversos escalões da administração direta e indireta. O lobby junto ao Poder Judiciário é praticamente terra incógnita em nosso país. E, apesar de existirem contribuições ao estudo do lobby empresarial brasileiro junto ao poder público de outros países (sobretudo os EUA), e a instâncias decisórias supranacionais (sobretudo Mercosul e Organização Mundial do Comércio), o lobby transfronteiriço realizado por agentes sociais nacionais permanece como temática pouco explorada.

O quarto capítulo identificou os momentos em que os lobbies atuam (momento pré-decisório, momento decisório propriamente dito e momento pós-decisório), bem como o extenso leque de atividades disponíveis para os lobistas nas diversas etapas que compõem esses momentos de atuação. Atualmente, o foco predominante dos estudos existentes é a atuação dos lobbies no momento decisório, que se inicia na definição da agenda do poder público, passa pela formulação e discussão de propostas, e culmina na tomada de decisão. Não obstante a indiscutível importância de se debruçar sobre esse momento-chave, há ainda um enorme terreno a ser desbravado. Parte desse terreno se refere ao trabalho dos lobbies ao longo das fases pré-decisórias: há poucos estudos empíricos sobre como os profissionais da representação de interesses procuram influenciar a escolha de tomadores de decisão eleitos e nomeados, bem como a designação de decisores específicos para tratar de seus casos. Outra parte do terreno, que também deve ser mais explorada, diz respeito à atividade dos lobbies nas etapas pós-decisórias, entre as quais se destacam a regulamentação das decisões tomadas, a contratação de bens, serviços e obras, tendo em vista a implementação dessas decisões, e a avaliação das políticas existentes, quando a continuidade ou a alteração das decisões tomadas encontra-se em debate.

O quinto capítulo abordou a questão importante – e controvertida – acerca da influência dos lobbies nos processos decisórios em que atuam. Em primeiro lugar, discutimos procedimentos metodológicos para a mensuração do grau de sucesso e de fracasso dos lobbies em torno de decisões concretas. Em segundo lugar, analisamos outros fatores que impactam o resultado do processo decisório, podendo afetar a atuação dos lobbies e ser afetados por eles. Tais fatores são: o perfil do tomador de decisão, o tipo de decisão a ser tomada e o contexto decisório.

Medir a influência dos lobbies em casos concretos é a principal ambição de muitos trabalhos acadêmicos. Acreditamos ter oferecido aos pesquisadores um panorama abrangente dos métodos disponíveis para esse fim, ao tratarmos dos indicadores de influência baseados em impressões (de *experts*, de lobistas e de decisores) e em resultados (fruto da comparação entre as demandas apresentadas e as decisões efetivamente tomadas). Além disso, chamamos a atenção para o fato de que a mensuração da influência dos lobbies deve sempre ser considerada à luz do impacto de outros fatores relevantes, que interferem no trabalho dos lobistas e que podem sofrer a interferência deles. Os pesquisadores que se juntarem a nós no estudo dessa atividade devem estar conscientes, portanto, de que o lobby pode influenciar políticas públicas, mas não é o único fator que importa, e nem sempre é o fator que mais importa. Estudar a interação mútua do conjunto de fatores apontados no capítulo 5 é um desafio intelectual fascinante.

O penúltimo capítulo tratou das contribuições que os lobbies podem oferecer, não apenas do ponto de vista dos segmentos sociais representados, mas também do ponto de vista dos tomadores de decisão (destacando questões dignas de sua atenção e munindo-os de informações), da opinião pública (trazendo novas perspectivas para o debate) e do sistema político como um todo (colaborando para sua legitimidade e para o sentimento de integração dos diferentes segmentos sociais). O capítulo tratou ainda dos problemas que o lobby pode ocasionar, seja quando praticado de forma ilícita (crimes contra a administração pública), seja quando praticado de forma lícita (desequilíbrio de poder entre os grupos sociais e privilégios injustificáveis para interesses especiais).

A perspectiva trazida por este capítulo favorece a constituição de uma visão menos maniqueísta sobre a prática do lobby no Brasil. De fato, na maioria das vezes em que o assunto é tratado pela grande mídia, o conceito de lobby aparece praticamente como sinônimo de corrupção ou tráfico de influência. Cremos que este livro apresenta argumentos contra a demonização da atividade. Entretanto, quando o assunto é abordado por profissionais do ramo, predomina a visão contrária, sintetizada na máxima de que "lobby é uma coisa, corrupção é outra coisa". Procuramos então, da mesma forma, apresentar argumentos contra o endeusamento da atividade, ao discutir com clareza os perigos que podem estar associados ao lobby lícito e ilícito. Entendemos que a abordagem acadêmica da temática será beneficiada por uma visão mais equilibrada – e realista – sobre o fenômeno em análise.

O capítulo final, por sua vez, foi dedicado exclusivamente à questão da regulamentação do lobby, uma das medidas mais mencionadas e crescentemente adotadas mundo afora, tanto para combater os perigos da atividade quanto para fomentar seus potenciais aspectos benfazejos. Sustentamos que as regulamentações podem ser mais ou menos robustas, conforme a abrangência de seu alcance, a autonomia e a capacidade dos órgãos incumbidos de implementá-las e fiscalizá-las, e o rigor das punições previstas em caso de descumprimento das regras. Apresentamos diversos argumentos dos defensores e críticos da medida. Levantamos hipóteses acerca das possíveis causas da demora da regulamentação do lobby entre nós (desinteresse dos legisladores, hesitação dos lobistas em empunhar essa bandeira, falta de pressão social e falta de liderança do Poder Executivo). E concluímos que, não obstante seus possíveis efeitos positivos, a regulamentação do lobby não deve ser encarada como uma panaceia para os problemas referentes à atuação política dos interesses organizados, pois um aspecto importante dessa atuação – a parcela ocorrida em cenários informais – permanece fora do alcance da medida.

A regulamentação do lobby parece ter voltado com força, nos últimos tempos, ao topo da agenda do Congresso Nacional, inclusive como resposta aos escândalos de corrupção que têm povoado o noticiário recente no Brasil. Quando uma questão como essa volta à tona, é importante reconstituir o debate acadêmico sobre os múltiplos aspectos que ela envolve. Esperamos, com este livro, ter oferecido uma contribuição relevante também nesse sentido.

Referências

AMES, Barry. *Os entraves da democracia no Brasil*. Rio de Janeiro: FGV Ed., 2011.

ARAGÃO, Murillo de. *Grupos de pressão no Congresso Nacional*: como a sociedade pode defender licitamente seus direitos no Poder Legislativo. São Paulo: Maltese, 1994.

ARAÚJO, Gustavo B. *O déficit entre acordado e realizado no Mercosul*. Dissertação (mestrado em ciência política) – USP, São Paulo, 2008.

BACHRACH, Peter; BARATZ, Morton S. Two faces of power. *American Political Science Review*, v. 56, n. 4, 1962.

____; ____. Decisions and nondecisions: an analytical framework. *American Political Science Review*, v. 57, n. 3, 1963.

BAIRD, Marcello F. O lobby na regulação da publicidade de alimentos da Agência Nacional de Vigilância Sanitária (Anvisa). *Revista de Sociologia e Política*, v. 24, n. 57, 2016.

BALL, Terence. Interest-explanations. *Polity*, v. 12, n. 2, 1979.

BARRY, Brian. *Political argument*. Londres: Routledge, 1965.

BENDITT, Theodore. The concept of interest in political theory. *Political Theory*, v. 3, n. 3, 1975.

BERNHAGEN, Patrick. Who gets what in British politics – and how? An analysis of media reports on lobbying around government policies, 2001-7. *Political Studies*, v. 60, n. 2, 2012.

BINDERKRANTZ, Anne S.; CHRISTIANSEN, Peter M.; PEDERSEN, Helene H. A privileged position? The influence of business interests in government consultations. *Journal of Public Administration Research and Theory*, n. 24, 2014.

BORÄNG, Frida et al. Identifying frames: a comparison of research methods. *Interest Group & Advocacy*, v. 3, n. 2, 2014.

CESÁRIO, Pablo S. Redes de influência no Congresso Nacional: como se articulam os principais grupos de interesse. *Revista de Sociologia e Política*, v. 24, n. 59, 2016.

CHARI, Raj; HOGAN, John; MURPHY, Gary. *Regulating lobbying*: a global comparison. Manchester: Manchester University Press, 2010.

COHEN, Joshua; ROGERS, Joel. Secondary associations and democratic governance. *Politics & Society*, v. 20, n. 4, 1992.

CONSENTINO, Leandro. *Interesses organizados na cena internacional*: o lobby do etanol. Dissertação (mestrado em ciência política) – USP, São Paulo, 2011.

DAHL, Robert. *Who governs?* Democracy and power in an American city. New Haven, CT: Yale University Press, 1961.

DANTAS, Humberto; TOLEDO, José R. de; TEIXEIRA, Marco Antonio C. (Org.). *Análise política e jornalismo de dados*: ensaios a partir do Basômetro. Rio de Janeiro: FGV Ed., 2004.

DINIZ, Eli; BOSCHI, Renato. O Legislativo como arena de interesses organizados: a atuação dos lobbies empresariais. *Locus*, v. 5, n. 1, 1999.

ENOMOTO, Lívia Y. de Q. *Influência e disputa regulatória*: a atuação de grupos de interesses do setor privado na definição da neutralidade de rede no Brasil. Dissertação (mestrado em ciência política) – USP, São Paulo, 2017.

EVANS, Peter. *Autonomia e parceria*: estados e transformação industrial. Rio de Janeiro: Ed. UFRJ, 2004.

FARHAT, Saïd. *Lobby*. O que é. Como se faz. São Paulo: Aberje, 2007.

FIGUEIREDO, Argelina; LIMONGI, Fernando. *Executivo e Legislativo na nova ordem constitucional*. Rio de Janeiro: FGV Ed., 1999.

Lobby e políticas públicas

FLATHMAN, Richard. Some familiar but false dichotomies concerning "interests": a comment on Benditt and Oppenheim. *Political Theory*, v. 3, n. 3, 1975.

GALAN, Gilberto. *Relações governamentais & lobby*: aprendendo a fazer. São Paulo: Aberje, 2012.

GOZETTO, Andréa Cristina O. *Lobby e representação de interesses*: lobistas e seu impacto na representação de interesses no Brasil. Tese (doutorado em ciência política) – Unicamp, Campinas, 2004.

HERTEL-FERNANDEZ, Alexander. Who passes business's "model bills"? Policy capacity and corporate influence in U.S. state politics. *Perspectives on Politics*, v. 12, n. 3, 2014.

HIRSCHMAN, Albert. *As paixões e os interesses*. Rio de Janeiro: Record, 2002.

IMMERGUT, Ellen. As regras do jogo: a lógica da política de saúde na França, na Suíça e na Suécia. *Revista Brasileira de Ciências Sociais*, n. 30, 1993.

INGRAM, Helen; SCHNEIDER, Anne L.; DELEON, Peter. Social construction and policy design. In: SABATIER, Paul (Ed.). *Theories of the policy process*. 2. ed. Boulder: Westview Press, 2007.

KINGDON, John. *Agendas, alternatives, and public policies*. Nova York: Longman, 1995.

KLÜVER, Heike; MAHONEY, Christine. Measuring interest group framing strategies in public policy debates. *Journal of Public Policy*, v. 35, n. 2, 2015.

LOWI, Theodore. American business, public policy case-studies, and political theory. *World Politics*, n. 16, 1964.

LUKES, Steven. *Power*: a radical view. Londres: Macmillan, 1992.

MAHONEY, James; SCHENSUL, Daniel. Historical context and path dependence. In: GOODIN, Robert E.; TILLY, Charles (Ed.). *The Oxford handbook of contextual political analysis*. Oxford: Oxford University Press, 2006.

MANCUSO, Wagner P. *O lobby da indústria no Congresso Nacional*: empresariado e política no Brasil contemporâneo. São Paulo: Edusp/Humanitas, 2007.

_____. A regra e as exceções: líderes partidários e casos desviantes na relação Executivo-Legislativo. In: DANTAS, Humberto; TOLEDO, José Roberto de; TEIXEIRA, Marco Antonio C. (Org.). *Análise política e jornalismo de dados*: ensaios a partir do Basômetro. Rio de Janeiro: FGV Ed., 2014.

_____; ANGÉLICO, Fabiano; GOZETTO, Andréa Cristina O. Ferramentas da transparência: o possível impacto da Lei de Acesso a Informações Públicas no debate sobre a regulamentação do lobby no Brasil. *Revista de Informação Legislativa*, v. 53, n. 212, 2016.

_____; GONÇALVES, Maetê P.; MENCARINI, Fabrizio. Colcha de retalhos: a política de concessão de benefícios tributários ao empresariado no Brasil (1988-2006). In: MANCUSO, Wagner P.; LEOPOLDI, Maria Antonieta P.; IGLECIAS, Wagner (Org.). *Estado, empresariado e desenvolvimento no Brasil*: novas teorias, novas trajetórias. São Paulo: Cultura, 2010.

_____; GOZETTO, Andréa. Lobby e políticas públicas no Brasil. In: LUKIC, M.; TOMAZINI, C. (Org.). *As ideias também importam*: abordagem cognitiva e políticas públicas no Brasil. Curitiba: Juruá, 2013.

_____; HOROCHOVSKI, Rodrigo R.; CAMARGO, Neilor F. Empresários e financiamento de campanhas na eleição presidencial brasileira de 2014. *Teoria & Pesquisa*, v. 25, 2016.

_____; MOREIRA, Davi C. Benefícios tributários valem a pena? Um estudo de formulação de políticas públicas. *Revista de Sociologia e Política*, v. 21, n. 45, 2013.

_____; SPECK, Bruno W. Financiamento empresarial na eleição para deputado federal (2002-2010): determinantes e consequências. *Teoria & Sociedade*, v. 23, n. 2, 2015.

_____ et al. Corporate dependence in Brazil's 2010 elections for federal deputy. *Brazilian Political Science Review*, v. 10, n. 3, 2016.

MOE, Terry M. *The organization of interests*. Chicago: The University of Chicago Press, 1988.

MUELLER, Dennis. *Public choice III*. Cambridge: Cambridge University Press, 2003.

OLIVEIRA, Amâncio Jorge S. N. de. *O papel da coalizão empresarial brasileira e as negociações da Alca*. Tese (doutorado em ciência política) – USP, São Paulo, 2003.

OLSON, Mancur. *The rise and decline of nations*. New Haven: Yale University Press, 1982.

_____. *A lógica da ação coletiva*. São Paulo: Edusp, 1999.

OPPENHEIM, Felix. Self-interest and public interest. *Political Theory*, v. 3, n. 3, 1975.

PALERMO, Vicente. Como se governa o Brasil? O debate sobre instituições políticas e gestão de governo. *Dados*, v. 43, n. 3, 2000.

PARKS, Robert. Interests and the politics of choice. *Political Theory*, v. 10, n. 4, 1982.

PATEMAN, Carole. *Participação e teoria democrática*. São Paulo: Paz e Terra, 1995.

PELLINI, Henrique. *O que é e como se faz o lobby empresarial*: o caso da Novozymes. Dissertação (mestrado em ciência política) – UFPR, Curitiba 2017.

PIERSON, Paul. *Politics in time*: history, institutions, and social analysis. Princeton: Princeton University Press, 2004.

_____. Public policies as institutions. In: SKOWRONEK, Stephen; GALVIN, Daniel; SHAPIRO, Ian (Ed.). *Rethinking political institutions*: the art of the State. Nova York: New York University Press, 2006.

PRZEWORSKI, Adam. *Money, politics, and democracy*. Paper apresentado em seminário do Departamento de Ciência Política da USP, São Paulo, 2011.

RAMOS, Daniela P. *Comportamento parlamentar e grupos de pressão*: um estudo de caso da reforma da previdência (1995-1998). Dissertação (mestrado em ciência política) – UnB, Brasília, 2005.

RASMUSSEN, Maja K. The battle for influence: the politics of business lobbying in the European Parliament. *Journal of Common Market Studies*, v. 53, n. 2, 2015.

RAZABONI, Olívia F. *Amicus curiae*: democratização da jurisdição constitucional. Dissertação (mestrado em direito do Estado) – USP, São Paulo, 2009.

REEVE, Andrew; WARE, Alan. Interests in political theory. *British Journal of Political Science*, v. 13, n. 4, 1983.

RIPLEY, Randall. Stages of the policy process. In: MCCOOL, Daniel C. *Public policy theories, models, and concepts*: an anthology. Nova Jersey: Prentice Hall, 1995.

RODRIGUES, Leôncio M. *Mudanças na classe política brasileira*. São Paulo: Publifolha, 2006.

SABATIER, Paul; JENKINS-SMITH, Hank. The advocacy coalition framework: an assessment. In: SABATIER, Paul (Ed.). *Theories of the policy process*. Boulder: Westview, 1999.

_____; WEIBLE, Christopher M. The advocacy coalition framework: innovations and clarifications. In: SABATIER, Paul (Ed.). *Theories of the policy process*. 2. ed. Boulder: Westview, 2007.

SANTOS, Fabiano; ALMEIDA, Acir. Teoria informacional e a seleção de relatores na Câmara dos Deputados. *Dados*, v. 48, n. 4, 2005.

SANTOS, Luiz Alberto dos. *Regulamentação das atividades de lobby e seu impacto sobre as relações entre políticos, burocratas e grupos de interesse no ciclo de políticas públicas*: análise comparativa dos Estados Unidos e Brasil. Tese (doutorado em ciências sociais) – UnB, Brasília, 2007.

SANTOS, Manoel L. *O Parlamento sob influência*: o lobby da indústria na Câmara dos Deputados. Tese (doutorado em ciência política) – UFPE, Recife, 2011.

_____; CUNHA, Lucas. *Propostas de regulamentação do lobby no Brasil*: uma análise comparada. Brasília: Ipea, 2015a. Texto para discussão n. 2.094.

_____; _____. *Percepções sobre a regulamentação do lobby no Brasil*: convergências e divergências. Brasília: Ipea, 2015b. Texto para discussão n. 2.141.

_____ et al. *Lobbying no Brasil*: profissionalização, estratégias e influência. Brasília: Ipea, 2017. Texto para discussão (no prelo).

SCHMITTER, Philippe. Still the century of corporatism? *The Review of Politics*, v. 36, n. 1, 1974.

SECCHI, Leonardo. *Políticas públicas*: conceitos, esquemas de análise, casos práticos. São Paulo: Cengage Learning, 2010.

Lobby e políticas públicas

SILVA, João Carlos da. *Empresários na Câmara dos Deputados (1999-2003)*: recrutamento, ascensão e trajetória política. Dissertação (mestrado em ciência política) – Unicamp, Campinas, 2002.

SMITH, Mark A. *American business and political power*: public opinion, elections, and democracy. Chicago: The University of Chicago Press, 2000.

SWANTON, Christine. The concept of interests. *Political Theory*, v. 8, n. 1, 1980.

SWEDBERG, Richard. Can there be a sociological concept of interest? *Theory and Society*, v. 34, 2005.

TAGLIALEGNA, Gustavo; CARVALHO, Paulo Afonso. F. Atuação de grupos de pressão na tramitação do projeto de lei de biossegurança. *Revista de Informação Legislativa*, v. 43, n. 169, 2006.

THOMAS, Clive S. (Org.). *Research guide to U.S. and international interest groups*. Westport: Praeger, 2004.

THOMAZ, Laís F. *A influência do lobby do etanol na definição da política agrícola e energética dos Estados Unidos (2002-2011)*. Dissertação (mestrado em relações internacionais) – Programa San Tiago Dantas (Unesp/Unicamp/PUC-SP), São Paulo, 2012.

_____. *As coalizões de defesa e as mudanças na política externa comercial e energética dos Estados Unidos para o etanol em 2011*. Tese (doutorado em relações internacionais) – Programa San Tiago Dantas (Unesp/Unicamp/PUC-SP), São Paulo, 2016.

VIANNA, Maria Lucia T. W. *Lobismo*: um novo conceito para analisar a articulação de interesses no Brasil. Rio de Janeiro: Centro de Estudos de Políticas Públicas, 1994. Texto para discussão n. 25.

WILSON, James Q. *American government*: institutions and policies. Lexington, D.C.: Heath and Company, 1980.

ZAMPIERI, E. Ação dos grupos de pressão no processo decisório das comissões permanentes do Congresso Nacional. *E-Legis*, v. 6, n. 12, 2013.

Livros publicados pela Coleção FGV de Bolso

(01) *A história na América Latina: ensaio de crítica historiográfica* (2009)
de Jurandir Malerba. 146p.
Série 'História'

(02) *Os Brics e a ordem global* (2009)
de Andrew Hurrell, Neil MacFarlane, Rosemary Foot e Amrita Narlikar. 168p.
Série 'Entenda o Mundo'

(03) *Brasil-Estados Unidos: desencontros e afinidades* (2009)
de Monica Hirst, com ensaio analítico de Andrew Hurrell. 244p.
Série 'Entenda o Mundo'

(04) *Gringo na laje: produção, circulação e consumo da favela turística* (2009)
de Bianca Freire-Medeiros. 164p.
Série 'Turismo'

(05) *Pensando com a sociologia* (2009)
de João Marcelo Ehlert Maia e Luiz Fernando Almeida Pereira. 132p.
Série 'Sociedade & Cultura'

(06) *Políticas culturais no Brasil: dos anos 1930 ao século XXI* (2009)
de Lia Calabre. 144p.
Série 'Sociedade & Cultura'

(07) *Política externa e poder militar no Brasil: universos paralelos* (2009)
de João Paulo Soares Alsina Júnior. 160p.
Série 'Entenda o Mundo'

(08) *A mundialização* (2009)
de Jean-Pierre Paulet. 164p.
Série 'Sociedade & Economia'

(09) *Geopolítica da África* (2009)
de Philippe Hugon. 172p.
Série 'Entenda o Mundo'

(10) *Pequena introdução à filosofia* (2009)
de Françoise Raffin. 208p.
Série 'Filosofia'

(11) *Indústria cultural: uma introdução* (2010)
de Rodrigo Duarte. 132p.
Série 'Filosofia'

(12) *Antropologia das emoções* (2010)
de Claudia Barcellos Rezende e Maria Claudia Coelho. 136p.
Série 'Sociedade & Cultura'

(13) *O desafio historiográfico* (2010)
de José Carlos Reis. 160p.
Série 'História'

(14) *O que a China quer?* (2010)
de G. John Ikenberry, Jeffrey W. Legro, Rosemary Foot e Shaun Breslin.
132p.
Série 'Entenda o Mundo'

(15) *Os índios na História do Brasil* (2010)
de Maria Regina Celestino de Almeida. 164p.
Série 'História'

(16) *O que é o Ministério Público?* (2010)
de Alzira Alves de Abreu. 124p.
Série 'Sociedade & Cultura'

(17) *Campanha permanente: o Brasil e a reforma do Conselho de Segurança das Nações Unidas* (2010)
de João Augusto Costa Vargas. 132p.
Série 'Sociedade & Cultura'

(18) *Ensino de história e consciência histórica: implicações didáticas de uma discussão contemporânea* (2011)
de Luis Fernando Cerri. 138p.
Série 'História'

(19) *Obama e as Américas* (2011)
de Abraham Lowenthal, Laurence Whitehead e Theodore Piccone. 210p.
Série 'Entenda o Mundo'

(20) *Perspectivas macroeconômicas* (2011)
de Paulo Gala. 134p.
Série 'Economia & Gestão'

(21) *A história da China Popular no século XX* (2012)
de Shu Sheng. 204p.
Série 'História'

(22) *Ditaduras contemporâneas* (2013)
de Maurício Santoro. 140p.
Série 'Entenda o Mundo'

(23) *Destinos do turismo: percursos para a sustentabilidade* (2013)
de Helena Araújo Costa. 166p.
Série 'Turismo'

(24) *A construção da Nação Canarinho: uma história institucional da seleção brasileira de futebol, 1914-1970* (2013)
de Carlos Eduardo Barbosa Sarmento. 180p.
Série 'História'

(25) *A era das conquistas: América espanhola, séculos XVI e XVII* (2013)
de Ronaldo Raminelli. 180p.
Série 'História'

(26) *As Misericórdias portuguesas: séculos XVI e XVII* (2013)
de Isabel dos Guimarães Sá. 150p.
Série 'História'

(27) *A política dos palcos: teatro no primeiro governo Vargas (1930-1945)* (2013)
de Angélica Ricci Camargo. 150p.
Série 'História'

(28) *A Bolsa no bolso: fundamentos para investimentos em ações* (2013)
de Moises e Ilda Spritzer. 144p.
Série 'Economia & Gestão'

(29) *O que é Creative Commons? Novos modelos de direito autoral em um mundo mais criativo* (2013)
de Sérgio Branco e Walter Britto. 176p.
Série 'Direito & Sociedade'

(30) *A América portuguesa e os sistemas atlânticos na Época Moderna: Monarquia pluricontinental e Antigo Regime* (2013)
de João Fragoso, Roberto Guedes e Thiago Krause. 184p.
Série 'História'

(31) *O Bolsa Família e a social-democracia* (2013)
de Débora Thomé. 158p.
Série 'Sociedade & Cultura'

(32) *A Índia na ordem global* (2013)
de Oliver Stuenkel (Coord.). 120p.
Série 'Entenda o Mundo'

(33) *Escravidão e liberdade nas Américas* (2013)
de Keila Grinberg e Sue Peabody. 146p.
Série 'História'

(34) *Meios alternativos de solução de conflitos* (2013)
de Daniela Gabbay, Diego Faleck e Fernanda Tartuce. 104p.
Série 'Direito & Sociedade'

(35) *O golpe de 1964: momentos decisivos* (2014)
de Carlos Fico. 148p.
Série 'História'

(36) *Livro digital e bibliotecas* (2014)
de Liliana Giusti Serra. 186p.
Série 'Sociedade & Cultura'

(37) *A proteção jurídica aos animais no Brasil: uma breve história* (2014)
de Samylla Mól e Renato Venancio. 142p.
Série 'História'

(38) *A memória, história e historiografia* (2015)
de Fernando Catroga. 100p.
Série 'História'

(39) *Água é vida: eu cuido, eu poupo – para um futuro sem crise* (2015)
de Ana Alice De Carli. 126p.
Série 'Direito & Sociedade'

(40) *A qualidade do livro didático de história: no Brasil, na França e nos Estados Unidos da América* (2015)
de Itamar Freitas e Margarida Maria Dias de Oliveira. Ebook
Série 'História'

(41) *Direito e desenvolvimento: diário de um jurista urbano* (2015)
de Carlos Ragazzo. 132p.
Série 'Direito & Sociedade'

(42) *Os desafios da substituição tributária: a incidência do ICMS sobre o vinho* (2015)
de Leonardo de Andrade Costa e Luciana Azevedo da C. Fülöp. 160p.
Série 'Direito & Sociedade'

(43) *A experiência indígena e o ensino de história* (2017)
de Itamar Freitas. Ebook
Série 'História'

(44) *Contribuição de melhoria: dúvidas, soluções, certezas* (2017)
de José Jayme de Macêdo Oliveira. 160p.
Série 'Direito & Sociedade'

(45) *Universidade S.A.: as companhias de capital aberto da educação superior no Brasil* (2017)
de Paula Caleffi e Alexandre J. L. Mathias. 100p.
Série 'Economia & Gestão'

Este livro foi impresso nas oficinas gráficas da Editora Vozes Ltda.,
Rua Frei Luís, 100 – Petrópolis, RJ,